首都圏版⑭　最新入試に対応！　家庭学習に最 …… !!

聖心女子学院 初等科

2025年度版 過去問題集

2021～2024年度 実施試験 計4年分収録

問題集の効果的な使い方

①学習を始める前に、まずは保護者の方が「入試問題」の傾向や、どの程度難しいか把握をします。すべての「アドバイス」にも目を通してください。
②各分野の学習を先に行い、基礎学力を養いましょう！
③力が付いてきた「過去問題」にチャレンジ！
④お子さまの得意・苦手がわかったら、その分野の学習を進め、全体的なレベルアップを図りましょう！

厳選！ 合格必携 問題集セット

記憶	お話の記憶問題集 中級編・上級編
推理	Jr. ウォッチャー ❻「系列」
言語	Jr. ウォッチャー ⑱「いろいろな言葉」
巧緻性	Jr・ウォッチャー 51「運筆①」、52「運筆②」
面接	入試面接 最強マニュアル

日本学習図書（ニチガク）

目指せ！合格！

家庭学習ガイド
聖心女子学院初等科

入試情報

募集人数：女子96名
応募者数：女子419名
出題形態：ペーパー、ノンペーパー
面　　接：保護者・志願者面接
出題領域：ペーパー（お話の記憶、推理、常識、図形、数量、言語）、
運動、行動観察

入試対策

当校のペーパーテストは、「お話の記憶」「推理」「常識」「図形」「数量」「言語」と、幅広く出題されています。近年では、お話の記憶の文章量が増えていく傾向にあり難易度も高くなっています。また、考えさせる問題も多くあり、推理（系列）を中心に難問と呼べる問題が出題されることがあります。そのほかの分野の問題でも、簡単なように見えて、ひとひねりある設問（問題形式）が多く見られます。全体として一筋縄ではいかない試験と言えるので、油断せず、細やかな対策をとっておいた方がよいでしょう。指示を守り、協調性をもって行動するのはもちろんですが、待機時間の姿勢など見過ごされがちな点も観察の対象となっています。

●ペーパーテストでは、以前ほどではありませんが、難問が出題されることがあります。

●中でも「推理」の問題は重点的に取り組んでください。推理分野の問題をアレンジした、つるかめ算のような問題が出題されており、数に対するセンスが求められます。

●行動観察としての課題もありますが、当校では「試験全体が行動観察」と言えます。長時間緊張感を保つのは、お子さまとって難しいことかもしれませんが、そうしたことを意識して行動できるかが大きなポイント言えるでしょう。

「聖心女子学院初等科」について

＜合格のためのアドバイス＞

当校は小学校１～４年生の「1st Stage」、小学校５、６年と中学校１、２年の「2nd Stage」、中学校３年と高校１～３年の「3rd Stage」の４－４－４制、12年一貫教育を行なっています。そのため中高での募集は基本的には行われず、聖心女子学院に入学するためには、小学校受験がほぼ唯一の機会となっています。かなりの高倍率になるので、しっかりとしたの準備と対策が必要です。

当校の求める子ども像として、「健康で子どもらしさを持った子ども」「自分で身の回りのことができる」「素直に話が聞ける」「集中力と根気が大切」「友だちを大切にする気持ち」「わがままを我慢できる」などが挙げられる他、聖心女子学院の教育理念と教育方針を表すものとして「18歳のプロファイル」といったものも発表させていますのでしっかりと確認しておきましょう。入学試験も、これらの観点から実施されていると言えます。

2024年度の入学試験では、ペーパーテスト、運動テスト、行動観察、保護者・志願者面接が行われました。

運動テストでは模倣体操、行動観察では集団制作などが行われましたが、いずれもお子さまが「きちんと指示を聞き、それを実行できるか」ということが観点となっています。また、「静かに待っていてください」「お行儀よく待っていてください」といった、課題とは直接関係のない指示もあります。そうした指示もしっかり守るようにしてください。

ペーパーテストは、推理と常識を中心に幅広い分野から出題されています。難問が出題されることも多いので、過去問を読み込んで、しっかりと対策をとる必要があります。

保護者・志願者面接は、親子３人と先生２人が向き合う形で着席して行われます。保護者に対しては一般的な質問が多いですが、志願者には口頭試問のような質問もあるので、お子さまが自分で考え、その考えを言葉にして伝えることが求められます。親子３人で相談して答える質問もあります。親子関係や普段の生活の様子を観るための質問と考えられるので、普段からコミュニケーションをしっかりとって、自然に対応できるようにしておきましょう。

〈2024年度選考〉

- ◆ペーパーテスト
- ◆運動（模倣体操）
- ◆行動観察（制作）
- ◆親子面接

◇過去の応募状況

2024年度	女子419名
2023年度	女子447名
2022年度	女子470名

入試のチェックポイント

◇受験番号の順番…「非公表」
◇生まれ月の考慮…「非公表」

聖心女子学院初等科
過去問題集

〈はじめに〉

　現在、少子化が叫ばれているにもかかわらず、私立・国立小学校の入学試験には一定の応募者があります。入試は、ただやみくもに学習するだけでは成果を得ることはできません。志望校の過去における出題傾向を研究・把握した上で、練習を進めていくこと、その上で試験までに志願者の不得意分野を克服していくことが必須条件です。そこで、本問題集は小学校を受験される方々に、志望校の出題傾向をより詳しく知って頂くために、過去に遡り出題頻度の高い問題を結集いたしました。最新のデータを含む精選された過去問題集で実力をお付けください。

　また、志望校の選択には弊社発行の**「2025年度版　首都圏・東日本　国立・私立小学校　進学のてびき」**をぜひ参考になさってください。

〈本書ご使用方法〉

◆出題者は出題前に一度問題を通読し、出題内容などを把握した上で、〈準備〉の欄に表記してあるものを用意してから始めてください。
◆お子さまに絵の頁を渡し、出題者が問題文を読む形式で出題してください。問題を読んだ後で、絵の頁を渡す問題もありますのでご注意ください。
◆**「分野」**は、問題の分野を表しています。弊社の問題集の分野に対応していますので、復習の際の目安にお役立てください。
◆問題番号右端のアイコンは、各問題に必要な力を表しています。詳しくは、アドバイス頁（ピンク色の１枚目下部）をご覧ください。
◆一部の描画や工作、常識等の問題については、解答が省略されているものがあります。お子さまの答えが成り立つか、出題者が各自でご判断ください。
◆〈時間〉につきましては、目安とお考えください。
◆解答右端の［〇年度］は、問題の出題年度です。［2024年度］は、「2023年の秋から冬にかけて行われた2024年度入学志望者向けの考査で出題された問題」という意味です。
◆**学習のポイント**は、指導の際にご参考にしてください。
◆**【おすすめ問題集】**は各問題の基礎力養成や実力アップにご使用ください。

〈本書ご使用にあたっての注意点〉

◆文中に**この問題の絵は縦に使用してください。**と記載してある問題の絵は縦にしてお使いください。
◆〈準備〉の欄で、クレヨンと表記してある場合は12色程度のものを、画用紙と表記してある場合は白い画用紙をご用意ください。
◆文中に**この問題の絵はありません。**と記載してある問題には絵の頁がありませんので、ご注意ください。なお、問題の絵の右上にある番号が連番でなくても、中央下の頁番号が連番の場合は落丁ではありません。
　下記一覧表の●が付いている問題は絵がありません。

問題１	問題２	問題３	問題４	問題５	問題６	問題７	問題８	問題９	問題10
								●	●
問題11	問題12	問題13	問題14	問題15	問題16	問題17	問題18	問題19	問題20
●									●
問題21	問題22	問題23	問題24	問題25	問題26	問題27	問題28	問題29	問題30
●	●							●	
問題31	問題32	問題33	問題34	問題35	問題36	問題37	問題38	問題39	問題40
●		●	●						
問題41	問題42	問題43	問題44						
			●						

得 先輩ママたちの声！

◆実際に受験をされた方からのアドバイスです。
是非参考にしてください。

聖心女子学院初等科

・ペーパーでは過去問をしっかりやりました。行動観察も重要なので、幼児教室などで、集団行動を経験しておくことも重要だと思います。

・体育館集合でしたが、受付後、子どもはすぐ試験会場に連れて行かれます。トイレなどは、受付前にすませておくとよいと思います。

・面接は待ち時間が長いので、子どもが飽きないようにあやとりや折り紙などを持っていくとよいと思います。

・面接や試験を通し、家庭での教育方針について重視している感じがしました。

・面接は、４～６組ずつに分かれて個別に行われました。親子同室での面接でした。

・学校周辺や学校内は坂が多く、予想以上に移動時間がかかります。あらかじめ時間に余裕を持って行動した方がよさそうです。

・面接中、母親には「最近、お子さまの『偉い』と感じられたところをほめてあげてください」という質問がありました。父親には、家事に対する関わり方や意識を問う質問がなされました。いずれも家族との関係について深いところまで観察されていると感じました。

〈聖心女子学院初等科〉

◎学習効果を上げるため、前掲の「家庭学習ガイド」及び「合格のためのアドバイス」をお読みになり、各校が実施する入試の出題傾向を、よく把握した上で問題に取り組んでください。
※冒頭の「本書ご使用方法」「本書ご使用にあたっての注意点」も併せてご覧ください。

2024年度の最新問題

問題1　分野：お話の記憶

〈準備〉　クーピーペン（青、赤、黒）

〈問題〉　これからするお話をよく聞いて、後の質問に答えてください。

ある日、ちなつちゃんの家に大きな荷物が届きました。早速、ちなつちゃんはお父さんと一緒に荷物を開けてみると、中にはたくさんのお野菜が入っていました。「お父さん、たくさんお野菜が入ってるよ。サツマイモに、カボチャに、タマネギも入ってる」ちなつちゃんは大きな声で喜びました。「おばあちゃんが送ってくれたんだね」お父さんが言いました。それを聞いたちなつちゃんは「これ全部、おばあちゃんがつくったお野菜なの？」とお父さんに聞きました。「そうだよ、おばあちゃんのお家の近くにはでっかい畑があって、そこで色々な野菜を育ててるんだ。きっとこの野菜もおばあちゃんがちなつに食べてほしくて送ってくれたんだよ」とお父さんは教えてくれました。しかし、ちなつちゃんは少し考えて不思議に思いました。「おばあちゃんのお家はとても遠いのにどうしてお野菜が届いたんだろう」。ちなつちゃんがどうしておばあちゃんのお家からお野菜が届いたのか、お父さんに聞いてみると、お父さんは「少しお出かけしよう」と言って、外につれて行ってくれました。お父さんとちなつちゃんが一緒に歩いているとたくさんのトラックが集まった場所に着きました。「ここは何をするところなの？」とお父さんに聞くと、「ここは荷物を送る場所だよ。頼んだ荷物を、たくさんの人が運んで大切に届けてくれるんだよ」と教えてくれました。ちなつちゃんは「荷物はお野菜しか送れないの？　それともほかにも送れるものがあるの？」と聞いてみました。するとお父さんは、「いろいろなものが送れるよ。たとえば、冷凍車を使って冷たいアイスクリームも送れるし、冷蔵車を使ってお肉やお魚も送ることができるんだ」と教えてくれました。また、お皿やコップなども、割れないように丁寧に運んでくれることもお話ししてくれました。そして、紙に届けたい人の住所や名前、電話番号をきちんと書いて荷物に貼ると、その通りに届けてくれること、また、正しく住所を書かないと荷物が届かないことも教えてくれました。お父さんと家に帰りながら、ちなつちゃんは「おばあちゃんにお礼がしたいな」と思い、お父さんに相談しました。「お父さん、あのね。わたし、おばあちゃんにお礼をしたいのだけど、何がいいと思う」ちなつちゃんが聞くと、お父さんは少し考えて、「おばあちゃんは寒い日でも毎日、お野菜の世話をするからマフラーなんかがいいんじゃないかなあ」と言いました。それを聞いてちなつちゃんは笑顔になって「マフラーをつくっておばあちゃんに送ることにする」言いました。お父さんは「おばあちゃんもきっと喜ぶよ」と言い、２人は毛糸を買って家に帰りました。お家に帰ってそのお話をすると、お母さんがマフラーの編み方を教えてくれることになりました。それから、ちなつちゃんは毎日、少しずつ少しずつお母さんと一緒にマフラーを編みました。何日も頑張り、ついに青、紫、黄色の毛糸を使って編んだマフラーができあがりました。やっとできたマフラーを大切に箱の中に入れて、お父さんと一緒にこの前の場所に持っていきました。お父さんに、おばあちゃんの住所や名前、電話番号を書いてもらって箱に貼りました。そして「遠くのおばあちゃんのところまで、届けてください」と言って係のお兄さんに箱を渡すと、お兄さんは「２日後に届きますよ」と教えてくれました。何日か過ぎて、おばあちゃんから電話がありました。「本当にありがとう。ちなつちゃんが編んでくれたこのすてきなマフラーは、おばあちゃんの宝物だよ。マフラーをもらって心も温かくなったよ」とお礼を言われました。それからまた何日かたったある日、ちなつちゃんのお家のチャイムが鳴りました。「ピンポーン」。お父さんとお母さんはニコニコしています。お父さんが「ちなつ、玄関のドアを開けて誰が来たのか見てきてくれないかな」と頼みました。「はーい」と返事をして玄関の扉を開けると、そこにはちなつちゃんが編んだすてきなマフラーを巻いたおばあちゃんが笑って立っていました。二人はギュッと抱き合って、会えたことを喜び合いました。マフラーは、おばあちゃんにとてもよく似合っていました。

①あばあちゃんが送ってくれた野菜の箱に、青で○をつけてください。
②お父さんが宅急便で送れると言ったものに、青で○をつけてください。
③お話を聞いた人たちが順番にお話をしています。あなただったら同じように思う、という子に青で○をつけてください。

女の子　「おばあちゃんは、お礼が欲しくて野菜を送ったわけじゃないから、マフラーは送らないほうがよかったと思う」
男の子　「お礼をするのはいいけど、おばあちゃんじゃなくてお友だちにした方がよかったんじゃないかな」
お姉さん「人にやさしくして、喜んでくれたら、自分も嬉しいと思う」
お兄さん「人によいことをしなくても、自分にはよいことが起きると思う」

〈時間〉　各20秒

〈解答〉　下図参照

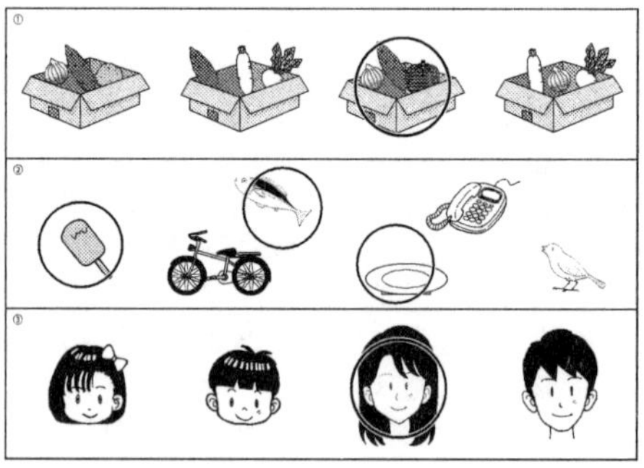

アドバイス

2024年度は例年に比べて、文章の量が多い問題でした。場面の切り換えも多くあり難易度は高いと言えます。当校では、ここ数年の間に徐々にお話の記憶の文章量は増えているため、しっかりと対策を取ることが重要です。設問を見てると、細かな点が質問されています。こうしたお話の細部を記憶するためには、しっかりとイメージをしながらお話を聞くことが大切です。イメージをする時のコツとしては次のような方法があります。まず、お話を読み始める前に、お子さまに「今日、朝起きてから何をしたか思い出してみて」と質問してみてください。そして、「今、何があったか、映像を思い浮かべたように、お話を聞いてみて」と声掛けをすると、イメージをしながらお話を聞く感覚が掴めるはずです。もし、お子さまがお話を想像しながら聞けないということがあれば、試してみて下さい。

【おすすめ問題集】

Ｊｒ・ウォッチャー19「お話の記憶」、NEWウォッチャーズ私立　記憶、
１話５分の読み聞かせお話集①・②、お話の記憶問題集 初級編・中級編・上級編

問題2　分野：同図形探し

〈準備〉　クーピーペン（青、赤、黒）

〈問題〉　左にある絵と同じ絵を右の四角から選んで、青で○をつけてください。

〈時間〉　45秒

〈解答〉　下図参照

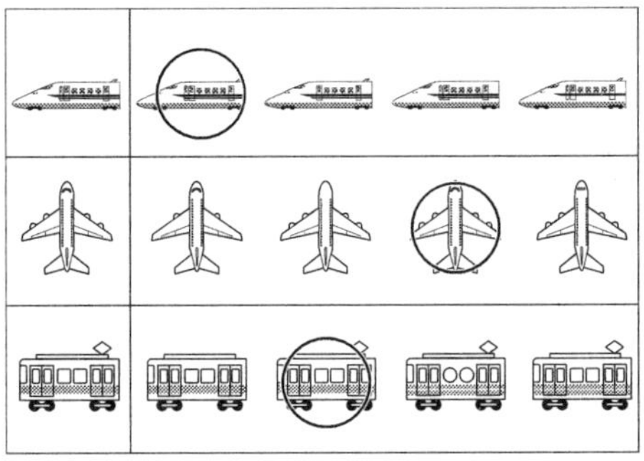

アドバイス

本問は「同図形探し」の問題で、図形を見ると非常に細かな点が異なっています。最初から一つずつお手本の絵と照らし合わせるのではなく、まずは、右の選択肢の絵の中で、異なる部分を把握するようにしましょう。それぞれの絵の異なる部分を発見してからお手本の絵を比べることで全体の解答時間の短縮につながります。
もし、時間がかかりすぎたり、解くことが難しいようであれば、絵の違いを見つける観察力を伸ばす必要があるかもしれません。この観察力は「注意して見ましょう」と声掛けするだけで身に付くものではありません。観察力を養う方法の一つには、絵を描かせることが有効です。絵を描くにはまず、対象をしっかりと見る必要がありますから、自然と細かな部分を意識するようになります。最初はお子さまが興味のあるものなどから描き始め、楽しんで行えるようにするとよいでしょう。

【おすすめ問題集】

Ｊｒ・ウォッチャー４「同図形探し」

問題３　分野：しりとり

〈準備〉　クーピーペン（青、赤、黒）

〈問題〉　左の絵からしりとりをして右までつながるように、四角の中の絵を一つずつ選んで、青で○をつけてください。

〈時間〉　30秒

〈解答〉　下図参照

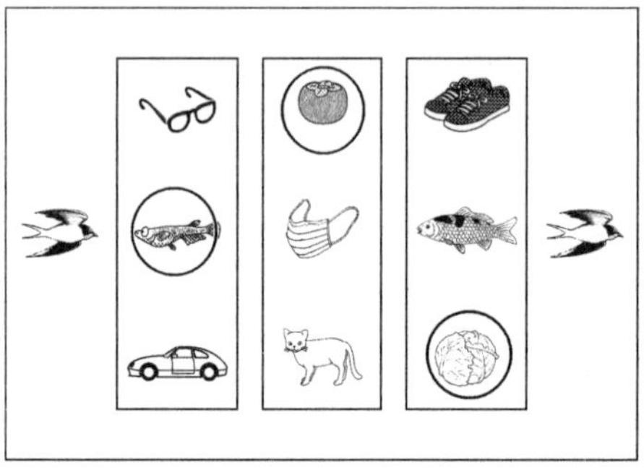

家庭学習のコツ①　「先輩ママたちの声」を読みましょう！

本書冒頭の「先輩ママたちの声」には、実際に試験を経験された方の貴重なお話が掲載されています。対策学習への取り組み方だけでなく、試験場の雰囲気や会場での過ごし方、お子さまの健康管理、家庭学習の方法など、さまざまなことがらについてのアドバイスもあります。先輩ママの体験談、アドバイスに学び、ステップアップを図りましょう！

アドバイス

しりとりを進めていく中で四角の中の選択肢は、それぞれ３つしかありませんが、ツバメの「メ」とつながるものがメガネとメダカと二つあり、難易度が少し上がっています。最後まで、できなかったら、すぐ、別の選択肢のもので試してみる柔軟性が大切になります。また、解答のやり方も全ての四角の答えがわかってから解答をしなければ、誤った選択肢に○をつけることにつながります。このことは、他の問題にも言えることですが、解答を書く際には、とりあえず書き始めるのではなく、解答記号や自分の書こうとしている答えとイラストを確認してから書くようにしましょう。特に、当校はクーピーペンを３色使用して、答える時に色や記号も指定されます。問題文を最後まで聞かなかったり、解答と記号を確認しない癖があると正答できる力があっても間違いになってしまいますので、早めに、直すようにしましょう。

【おすすめ問題集】

Ｊｒ・ウォッチャー17「言葉の音遊び」、49「しりとり」、60「言葉の音」

問題4　分野：常識

〈準 備〉 クーピーペン（青、赤、黒）

〈問 題〉 上の動物とそのしっぽを青の線でつないでください。

〈時 間〉 40秒

〈解 答〉 下図参照

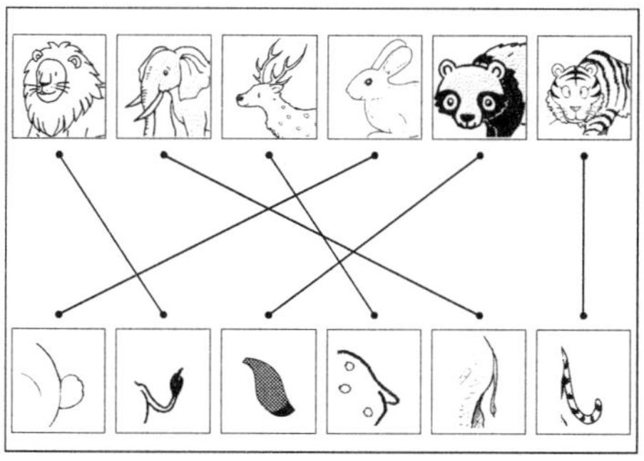

家庭学習のコツ②　「家庭学習ガイド」はママの味方！

問題演習を始める前に、試験の概要をまとめた「家庭学習ガイド（本書カラーページに掲載）」を読みましょう。「家庭学習ガイド」には、応募者数や試験科目の詳細のほか、学習を進める上で重要な情報が掲載されています。それらの情報で入試の傾向をつかみ、学習の方針を立ててから、対策学習を始めてください。

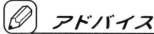

アドバイス

当校では近年、対応する動物のしっぽや足跡を選ぶなど理科的な常識問題が出題されています。本番までに正解できるよう知識を入れておきましょう。知識の導入として、例えば、実際の動物を見て、動物の特徴を確認するという方法が最良ではありますが、難しい場合は図鑑などで代用しましょう。また、現在ではテレビやインターネットを通じて動物の映像も簡単に見ることができますので、是非、活用されてみてください。そして、図鑑や映像を見た時には、ただ、動物の名前と形を一致させるだけではなく、習性やどうのような能力を持つ動物なのかなども一緒に確認するとお子さまの好奇心を刺激し、知識も豊富になります。楽しんで学習を進めることができれば、記憶にも残りますし、なにより自発的な学習につながりますので、お子さまの好奇心を刺激するような学習を心がけましょう。

【おすすめ問題集】

Ｊｒ・ウォッチャー11「いろいろな仲間」、27「理科」、55「理科②」

分野別 苦手克服問題集 常識編

問題5 分野：シーソー

〈準備〉 クーピーペン（青、赤、黒）

〈問題〉 上の四角のように食パン１個とロールパン２個は同じ重さです。では、下の絵の中で釣り合うものには青で○を、釣り合わないものには赤で△をつけてください。

〈時間〉 40秒

〈解答〉 下図参照

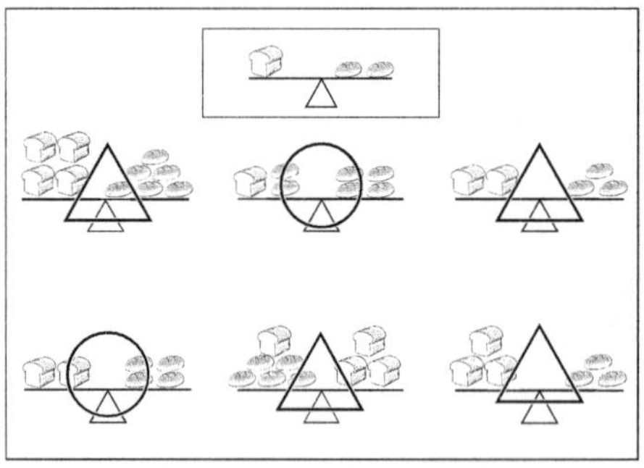

アドバイス

シーソーの問題としてだけみれば、そこまで難易度は高くないものの、解答記号が２種類あることには注意が必要です。上から順番に解き、いちいちペンを持ち変えていると時間が掛かってしまいます。まずは、釣り合うものだけ青で○をして、残りには全て赤で△を書く方法を取ると時間が短縮できます。また、書くときに、形がしっかり保たれているかも確認しましょう。○は歪みが大きくないか、△は角が書けているかも見るようにしましょう。当校ではこの問題のように解答記号の色や形を指定することで、難易度を高くした問題が出題されるので、過去問などに取り組み問題文を最初から最後まで集中して聞きとれるようにしましょう。普段の問題集を解く際にも、保護者の方が色を指定して解答させるようにするといった工夫もおすすめです。

【おすすめ問題集】

Ｊｒ・ウォッチャー33「シーソー」、
まいにちウォッチャーズ小学校入試　段階別ドリル　練習編Lv.２

問題６　分野：数量

〈準備〉　クーピーペン（青、赤、黒）

〈問題〉　①リンゴの数を数えて、その数だけ青で○を書いてください。
②21個のリンゴを３人で分けると１人いくつになりますか。その数だけ青で○を書いてください

〈時間〉　各20秒

〈解答〉　①○：８　②○：７

アドバイス

①は、基本的な数量概念があるかを観る問題で、レベルも易しいものなので確実に正解しておきたい問題です。おおよそのお子さんは目で見て数えることができるでしょう。ですから、解答時間も短く設定されているものと思われます。注意点としたら、○の書き方です。歪みやぶれがないように、○はきちんと丁寧に書くことを日頃から心がけましょう。
②の問題自体は数を分けるだけで単純です。しかし、元になる数が大きいことと５や10ではなく21という馴染みのない数字で出題されているために難易度は少し高めです。10以上の数を分ける経験が少ないお子さんにとっては、すぐに答えを出すのは難しかったと思います。ある程度、数の操作に慣れてきたら、数を増やして10以上の数でも対応できるように対策をしておきましょう。その際に、おはじきなどの具体物を使用し、数を分ける練習をすると数字が大きくなってもイメージがしやすくなるはずです。

【おすすめ問題集】

Ｊｒ・ウォッチャー14「数える」、37「選んで数える」、40「数を分ける」
分野別 苦手克服問題集 数量編

問題7　分野：推理

〈準　備〉　クーピーペン（青、赤、黒）

〈問　題〉　①上の四角を見てください。それぞれの記号を進むと黒丸が絵のように変化します。このとき、？に入る黒丸はいくつですか、下の四角の中にその数だけ青で○を書いてください。
②あいちゃんのポケットにはアメが１つあります。ポケットを１回たたくと４個になりました。もう一度、たたくと７個になりました。
では、もう一度、たたくと何個になりますか、その数だけ赤で○を書いてください。

〈時　間〉　各20秒

〈解　答〉　①○：１　②○：10

アドバイス

①の問題のお約束をしっかりと理解できているかを確認しましょう。♡は点が１つ増える、◇は点が１つ減り、○は３つ減ります。この理解ができていなかった場合は類題を解いてお約束を見つける練習をしましょう。また、数の増減のお約束が分かっていても、この問題は記号が多くあるため、ミスが起きやすいです。普段から見直しをする習慣があるかどうかが大切になります。保護者の方は、お子さまが早く解けたとしても見直しまでしているかも、観ることが大切です。
②の問題はアメの数が３つずつ増える基本的な問題です。しかし、この問題では数の操作のほかに、話をきちんと聞き取ることが求められます。家庭でこのような問題を行うと、つい、数の操作ばかりに注意が向いてしまいがちです。しかし、問題を解くためには話をしっかりと聞き、内容を理解しなければなりません。保護者の方は、お子さまを指導する際、答えばかり意識するのではなく、問題を解くという一連の流れを全体的に見るようにしましょう。

【おすすめ問題集】
Ｊｒ・ウォッチャー32「ブラックボックス」、43「数のやりとり」

家庭学習のコツ③　効果的な学習方法～問題集を通読する

過去問題集を始めるにあたり、いきなり問題に取り組んではいませんか？　それでは本書を有効活用しているとは言えません。まず、保護者の方が、すべてを一通り読み、当校の傾向、ポイント、問題のアドバイスを頭に入れてください。そうすることにより、保護者の方の指導力がアップします。また、日常生活のさまざまなことから、保護者の方自身が「作問」することができるようになっていきます。

問題8　分野：推理

〈準　備〉　クーピーペン（青、赤、黒）

〈問　題〉　点線まで「黒白、黒白白、黒白白白」と並んでいます。点線から星まで繰り返し同じように黒で塗ってください。

〈時　間〉　70秒

〈解　答〉　下図参照

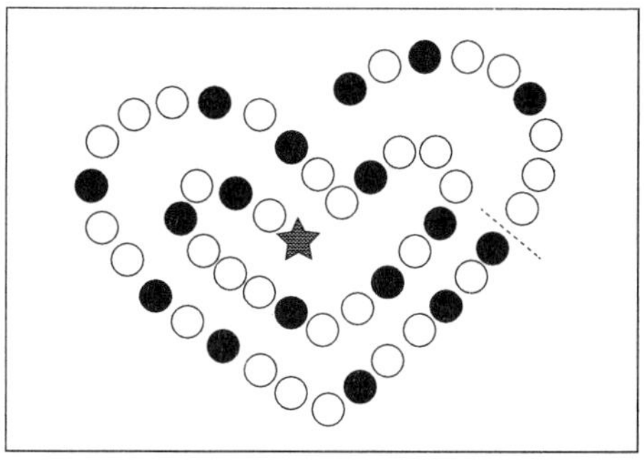

アドバイス

まずはしっかりとお約束を聞きとれているかどうかを確認しましょう。ただ、最初の方はお約束の通りに塗ることができていたとしても、塗っているうちに場所がズレてしまうこともあります。それはお子さまは、一つひとつ塗る位置を確認してから塗ることができていないことを示していますので、塗る前に位置を確認するように指導するとよいでしょう。
また、最初に塗ったものと、最後に塗ったもので塗り方に変化がないかということも注目しましょう。最後の方になってくると、どうしても集中力が切れて雑になりやすいです。しかし、このようなお子さまに色を塗らせる問題では、最初も最後も塗り方がきれいかどうかを観るケースもありますので、保護者の方はそうした点まで目を向けるようにしましょう。

【おすすめ問題集】
Ｊｒ・ウォッチャー6「系列」、23「切る・貼る・塗る」、
実践 ゆびさきトレーニング①②③

問題9　分野：運動

〈準備〉　なし

〈問題〉　この問題の絵はありません。
（集団で行い、モニターで掛け声と動きのお手本が示される）
モニターに映った動きを真似してください。
・「ライオン」と言われたら、両手を前にして、爪の形をつくり「ガオー」と言う。
・「キリン」と言われたら、右腕を上に伸ばし、背伸びをして歩く。
・「フラミンゴ」と言われたら、片足バランスを20秒行う。
・「ウサギ」と言われたら、手を頭の上に乗せ耳の形をつくり、その場でジャンプをする。

〈時間〉　適宜

〈解答〉　省略

アドバイス

モニターに映された映像を見ながら、その真似をする問題です。グループで行うものの、個人に対する指示しかない点から、集団行動を観ているのではなく、それぞれ指示に従って表現ができているかが採点の基準になっていると考えられます。出来の良し悪しを観ているのではなく、指示に従って身体を動かすことができているかを観られています。本問のような、運動や行動観察のテストでは恥ずかしがらずに、しっかりと身体を動かし、映像と指示を受けて表現を行うように指導してください。なお、本問では、動物の表現をする際に勝手に鳴き声を入れてみたり、動物の動きを真似て動き回ったりといった指示以外の動作はしないようにしましょう。

【おすすめ問題集】
Ｊｒ・ウォッチャー28「運動」、29「行動観察」、新 運動テスト問題集

問題10　分野：制作、行動観察

〈準備〉　紙コップ２個、洗濯ばさみ（20個ほどをカゴにいれる）、厚紙（10㎝四方を４枚）、レジャーシート

〈問題〉　この問題の絵はありません。
試験はレジャーシートの上で行います。
（個人で行う）
紙コップの口に洗濯ばさみを挟み、その洗濯ばさみにまた洗濯ばさみをはさみつなげて、できるだけ高くしてください。

（４人のグループになって行う）
お友だちと協力して、できるだけ高いタワーを作ってください。紙コップは１つ使っても、２つ使ってもよいです。また、「やめてください」と言われたら、紙コップと厚紙を片付けてください。

グループで作業をしている間に個別に呼び出され、「一人と、グループで作業するのとどちらの方がよいですか」と質問を受ける。

〈時間〉　省略

〈解答〉　適宜

アドバイス

この課題では最初に個人で制作を行い、次にグループでの制作に移ります。この時に、個人で制作する時の態度とグループで制作する時の態度を切り替える必要があります。グループで何かを制作する場合は、1人だけ進めていても、1人だけやらなくてもよくありません。みんなで協力する姿勢が大切になります。どのように作るのかをみんなで話し合い、勝手にすすめていくことがないようにしましょう。また、この課題の場合、紙コップの数は特に指定はありませんが、紙コップを使わずに制作をするということは避けるようにしましょう。「紙コップは1つ使っても、2つ使ってもよい」という指示は紙コップを使うことが前提にあるので、指示の意図を汲んで制作を行うことが大切です。
その他、レジャーシートの上で制作は行われていますが、脱いだ靴はそろえてあるのかも観られています。これは普段の生活習慣からでるものです。保護者の方は日常生活でも、きちんと行えるように指導してください。

【おすすめ問題集】
Ｊｒ・ウォッチャー23「切る・貼る・塗る」、29「行動観察」、
実践 ゆびさきトレーニング①②③

問題11　分野：面接

〈準備〉　なし

〈問題〉　この問題の絵はありません。

【志願者に】
・お名前を教えてください。
・幼稚園のお名前を教えてください。
・担任の先生のお名前を教えてください。
・先生は何を教えてくれたり、お話したりしてくれますか。
・運動会でがんばったことは何ですか。
・幼稚園ではどんな遊びをしますか。
・幼稚園での思い出を教えてください。

【父親に】
・志望動機をお話ください。
・ご家庭の教育方針を教えてください。また、当校の教育方針とご家庭の教育方針とで一致しているところはありますか。
・グローバルマインド教育についてどうお考えですか。
・お子さまのどのようなところが当校に合っていると思われますか。

【母親に】
・小学校受験に際して、お二人で話し合ったことを教えてください。
・お子さまをどのような時に褒めて、どのような時に叱りますか。
・入学後、学校への送迎はどうなさいますか。

【全員に】
・お父さまはお母さまの、お母さまはお子さまの、お子さまはお父さまの好きな所を1分で相談し、それぞれ発表してください。

〈時間〉　10分程度

〈解答〉　省略

アドバイス

お子さまが保護者の方と話し合いをその内容を発表する課題は例年、行われていたものですが、本年度はお子さまだけでなく、保護者の方も発表する課題が出されました。学校側は普段のご家庭での雰囲気を観たいと考えていると予測できます。ご家庭の雰囲気は、面接中だけ取り繕えるものではありませんので、普段の生活から積極的にお子さまとコミュニケーションを取り、良い関係を築く必要があります。保護者の方は、まずはお子さまの意見をしっかりと聞き入れる態度で、安心感を与えることが大切です。
また、保護者の方への質問も学校への理解が問われるものが出題されますので、ホームページを読むことはもちろんのこと、学校説明会などへも足を運び、理解を深めましょう。

【おすすめ問題集】

新 小学校受験の入試面接Ｑ＆Ａ、面接テスト問題集、面接最強マニュアル
新口頭試問・個別テスト問題集

2023年度以前の過去問題

問題12　分野：お話の記憶

〈準　備〉　クーピーペン（青、赤、黒）

〈問　題〉　これからするお話をよく聞いて、後の質問に答えてください。

はるこちゃんはカブトムシのカブト君を飼っています。はるこちゃんのお家の畑ではトマトを育てていて、赤く食べごろになったら、カブト君にも食べさせてあげたいなと思っています。「もう少ししたらカブト君にトマトを食べさせてあげるからね」とはるこちゃんはカブト君に話しかけています。そんな、はるこちゃんの様子を見てカブト君も「トマトを食べてみたいなあ」と、その日を楽しみにしています。ある夜、はるこちゃんがぐっすり眠っている時、カブト君は目を覚ましました。「何だか、虫カゴが狭いな」。カブト君はこの頃、どんどん体が大きくなっていたので、虫カゴが窮屈になってきたのです。カブト君はここを出て、はるこちゃんが言っていたトマトの畑に行ってみたいなと思いました。カブト君は虫カゴのすき間に大きな角をかけて、思い切り力を込めました。「よいしょ！」その掛け声と同時にふたは開き、カブト君は虫カゴの外に飛び出ました。まだ、はるこちゃんはぐっすり眠っています。カブト君があたりを見回すと１つだけ開いている窓があります。「あの窓から外に出られるぞ」カブト君は羽を広げて、外に向かって飛んでいきました。外にでたカブト君ははるこちゃんのトマト畑の話を思い出しました。「はるこちゃんは、トマトは赤くなると食べられるって言っていたな。楽しみだなあ、早く食べたいな」。トマトのことを考えながら、少しの間、飛んでいると、畑に着きました。「赤いトマトはどこかな？」カブト君は上を飛んだり下を飛んだりしながら探しましたが、食べられそうな赤いトマトは見つかりません。畑には黄色いお花が咲いていたので、お花のそばに寄ると、クモ君が顔を出しました。「あっ、クモ君。こんばんは」「こんばんは」。クモ君は忙しそうに、お尻から糸を出して巣を作っています。近くには緑色のトマトの実もありました。「ねえねえ、クモ君どうしてこの場所に巣を作っているの？」カブト君がたずねると、「お花の花粉がある場所には虫がいっぱい寄ってくるんだよ。だから、巣に虫が引っかかりやすいんだ」と答えました。クモ君は慣れた手つきで、立派なクモの巣を作り上げました。カブト君は、元の虫カゴには戻らずに、外で生活をすることにしました。次の日、カブト君はクモ君が気になり、畑に行きました。するとなんだかクモ君は元気がなさそうです。「どうしたの？」カブト君が尋ねすと、クモ君は「虫が全然来なくって、何も食べられなかったんだ」と答えました。そのまた次の日も、クモ君の様子が気になったカブト君はトマト畑にやって来ました。クモの巣には1匹の虫もかかっていません。「クモ君、大丈夫？」と声をかけると、クモ君は「虫がかからないんだ……」と弱々しい声で返事をしました。「なんで虫が引っかからないんだろう」と、カブト君は不思議に思いあたりを調べてみることにしました。トマトの茎まで飛んで行くと「うん？　くさい！　何だ、このにおいは？」何だかとっても嫌なにおいがしています。よく見てみると、トマトの茎に白い小さな毛がたくさん生えていて、そこからにおいがしているようです。「わかったぞ。この嫌なにおいが虫たちを近づけないんだ！」カブト君は、さっそくクモ君に教えてあげました。「そうだったのか、だから虫が来なかったんだ。教えてくれてありがとう」。その夜、クモ君はお引っ越しをすることにしました。はるこちゃんのお家の畑では、カボチャもナスも育てています。クモ君はナスの畑に行ってみましたが、嫌なにおいはしないようです。クモ君は安心して巣を作り始めました。次の日の朝です。カブト君は、畑に赤いトマトが落ちているのを見つけました。「これが、はるこちゃんが言っていたトマトかな？」一口食べてみると、甘くてとてもおいしいです。カブト君は、はるこちゃんのお部屋の窓に向かって飛んでいき、「はるこちゃん！　おいしいトマト、ありがとう。じゃあね」とお礼を言いました。はるこちゃんも「あ、カブト君！　いなくなって心配していたのよ。でも、おいしいトマトを食べられてよかった」と、窓を開けて手を振り、カブト君を見送りました。

①カブト君が虫カゴから出る時の様子として正しいものに青で○をつけてください。
②左上の太陽のマークがある絵から右下の星の絵まで物語の順番になるように青で線を引いて下さい。
③動物が話し合いをしています。お話を聞いて正しいことを言っている動物に青で○をつけてください。
ウシ　「トマトの茎の毛には毒があって、虫が近づくと危険だよ」
パンダ「トマトの茎の毛はとても硬いから、うっかり触ると刺さってケガをしてしまうよ」
サル　「トマトの茎の毛は虫の嫌いな匂いを出して、虫が寄り付かないようにしているんだよ」
ネコ　「トマトの茎の毛は冬でも温かく過ごせるように生えているよ」

〈時 間〉　各20秒

〈解 答〉　下図参照

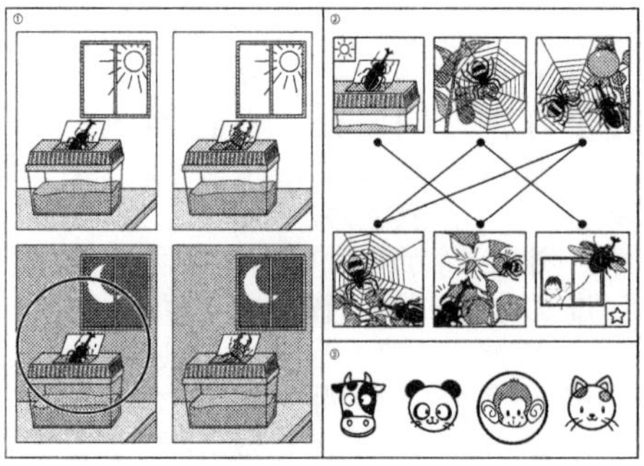

［2023年度出題］

アドバイス

お話の記憶としては長めの文章です。また、お話の流れ全体を記憶する必要があるため、難易度は高い問題です。また、お話の記憶だけではなく線を引かせる設問もあります。保護者の方はお子さまの書いた線がどういうものかもしっかりと観るようにしましょう。色が薄かったり、線がぶれているのは記憶があやふやな部分でしょう。そうしたお子さまの解答を参考にしたり、お話についての質問をしたりすることで、どの程度、記憶ができているかを把握しましょう。そして、読み聞かせをする時には、お子さまの記憶力のレベルにあった学習をするようにしましょう。もちろん、最終的には、試験で出題される文章量の物語を記憶できるようになることが目標ですが、記憶の分野（聞く記憶、見る記憶など）ではいきなり実力が上がることはありません。お子さまに合わせて、少しずつ読み聞かせの量を重ねることによって記憶力を高めていきましょう。

【おすすめ問題集】
Ｊｒ・ウォッチャー19「お話の記憶」、NEWウォッチャーズ私立　記憶、
分野別 苦手克服問題集 記憶編、１話５分の読み聞かせお話集①・②、
お話の記憶問題集 初級編・中級編・上級編

問題13　分野：常識

〈準 備〉　クーピーペン（青、赤、黒）

〈問 題〉　①わたしはおいしい果物です。木に実がなります。私は誰でしょう。青で○をつけてください。
②わたしは大きな耳と鼻を持っています。重い体を支えるために四本の太い足を持ち、主に草や木の葉を食べています。私は誰でしょう。青で○をつけてください。
③わたしはケーキをつくる時に活躍します。かき混ぜるのが得意です。私は誰でしょう。青で○をつけてください。

〈時 間〉　各15秒

〈解 答〉　①左から２番目　②左端　③右端

［2023年度出題］

アドバイス

問題の内容を見ると、果物、動物、日常用品など多岐にわたっています。このような出題の意図には知識の有無についてももちろんですが、それを通じて知的好奇心の度合いを量りたいという狙いもあるでしょう。知的好奇心は、進学してから、学力を伸ばすための重要な指標の一つです。日常の中で「どうしてだろう」「どうなっているのだろう」などの疑問を持ち、答えを発見していく作業をしたお子様は、知的好奇心を刺激され「もっと知りたい」と自ら学んでいきます。お子さまをそうした状態にさせるためには、保護者の方が興味を引かせる声掛けをすることが大切になります。知識として、覚えさせるのではなく、知りたい、という欲を駆り立てるような経験を日常生活に落とし込むことがポイントになるでしょう。また、問題の①のような木になる果物は小学校受験では頻出されるものなので、解けるようにしておきましょう。

【おすすめ問題集】

Ｊｒ・ウォッチャー27「理科」、55「理科②」
分野別 苦手克服問題集 常識編

問題14　分野：数量

〈準 備〉　クーピーペン（青、赤、黒）

〈問 題〉　あすかちゃんは家の庭でたくさんのトマトを育てています。収穫したトマトはお皿の上に乗せてあります。このトマトを、あすかちゃんとお父さん、お母さんで１人分がなるべく多くなるように分けたとき、トマトは何個余りますか。その数だけ、四角に赤で○を書いてください。

〈時 間〉　20秒

〈解 答〉　○：１

［2023年度出題］

アドバイス

解き方の一つには、最初に全てのトマトを数える方法もありますが、この問題には別の解き方もあります。まずお皿に乗っているトマトの数を見るとそれぞれのお皿に乗っているトマトの数は近いことが分かります。この時、真ん中のお皿から左のお皿に一つトマトを移すとトマトが5個乗っているお皿が2つできます。あとは、この状態のとき、真ん中のお皿が5より何個多いかを考えれば短い時間で答えが出せます。
数の問題では工夫をして考えると短い時間で解答ができるものもあり、慣れてきたら、どうすればもっと楽に、短い時間で解けるかをお子さまと一緒に考えることもおすすめです。また、数える段階で難しかったお子さまはぜひ、この問題と似た状況で練習するとよいでしょう。例えば、大皿料理をつくってお子さんに、数を分けてもらうなど日常で行っていると自然と数の概念や操作が身に付きます。

【おすすめ問題集】
Ｊｒ・ウォッチャー14「数える」、40「数を分ける」、
分野別 苦手克服問題集 数量編

問題15　分野：推理、常識

〈準 備〉　クーピーペン（青、赤、黒）

〈問 題〉　上と下の絵はあるお約束で並んでいます、四角と四角に入る絵を青い線でむすんでください。

〈時 間〉　40秒

〈解 答〉　下図参照

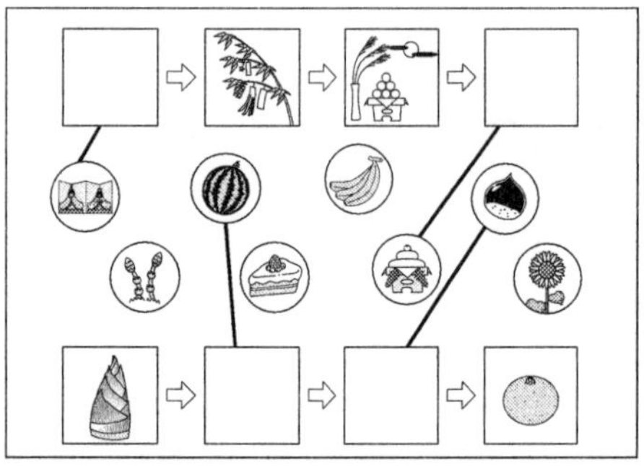

[2023年度出題]

アドバイス

まずは上は季節の催しもの（年中行事）、下は季節の食べ物というお約束をお子さまは読み取ることができていましたでしょうか。上の季節の行事は分かりやすいですが、下の食べ物はひまわりを選んでしまうお子さまも多かったのではないでしょうか。こうした、間違いはある程度、問題を解くことに慣れてきた段階で起きやすいものです。問題の内容を先読みしたり、先入観を持って、解答をするとこうした早とちりにつながります。
問題の慣れへの対策としては、お子さまに問題をつくらせてみるということが有効です。実際に、問題をつくると、「どこをひっかけにしようか」など出題者側の視点に立つことができます。そうすると、解くときにも問題の細部を気にするようになるでしょう。

【おすすめ問題集】

Ｊｒ・ウォッチャー27「理科」、34「季節」、55「理科②」

分野別 苦手克服問題集 常識編

問題16　分野：系列

〈準備〉　クーピーペン（青、赤、黒）

〈問題〉　太陽の印があるマス目はお手本です。お約束に従って、印が並んでいます。ケンのときは斜め線、パーのときは○を書き、「ケンケンパー、ケンケンパー、ケンケンケンパー」の順番で繰り返し印が並んでいます。
三日月から星までお手本と同じように「ケンケンパー、ケンケンパー、ケンケンケンパー」を繰り返して、赤で印を書いてください。

〈時間〉　１分

〈解答〉　下図参照

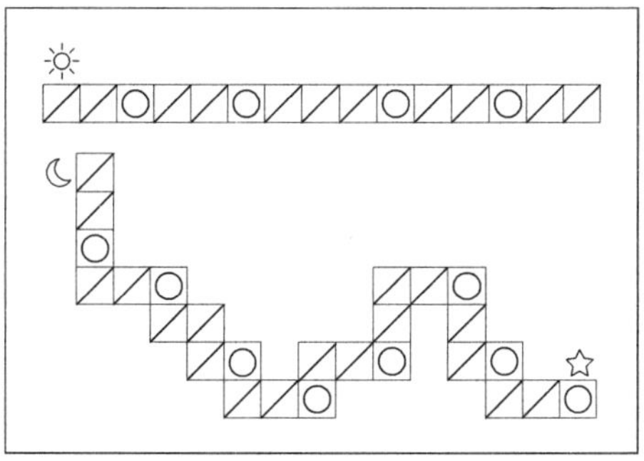

［2023年度出題］

アドバイス

この問題は、ケンパという動作を伴う内容に見えると思いますが、実は系列の要素を含んだ問題です。しかし、ケンパのリズムに乗って問題を解くことができるため、解答が分からないということはないと思います。この問題を解く際、気を付けたいことは、声を出さずに問題を解けたかが第一に浮かんでくるとおもいますが、運筆の要素もチェックしてください。解答記号が正しく、正確に書けているか。書くスピードがどうだったかという点もチェックしましょう。このようなリズムに乗って解くことができる問題は、論理的に考えるよりも、リズムに乗って答えた方がよいかもしれません。論理的に取り組むだけが問題を解く方法ではありません。お子さまの得意な方法で取り組んでもよいという一つの例となる問題だと思います。楽しんで取り組める問題の場合、お子さまのモチベーションを上げることにもつなげることができますから、そのような点も考慮して取り組んでください。

【おすすめ問題集】

Ｊｒ・ウォッチャー6「系列」、51「運筆①」、52「運筆②」

問題17　分野：図形

〈準備〉　クーピーペン（青、赤、黒）

〈問題〉　左端の絵の○を矢印の数だけ右に動かすとどこに○がきますか、その位置に青で、○を書いてください。
左端の絵を矢印の向きに回転させたときどこに○がきますか、その位置に黒で、○を書いてください。

〈時間〉　各25秒

〈解答〉　下図参照

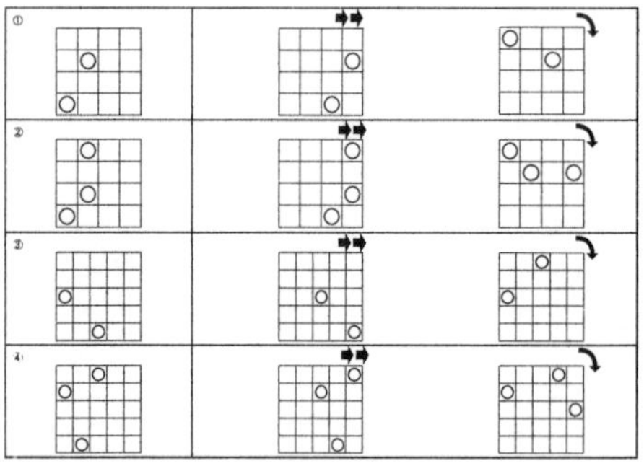

［2023年度出題］

アドバイス

図形の問題の練習は、実際に同じものを用意して、お子さまが自ら動かして確認しながら行うのが基本となります。問題演習の後の答えの確認も、保護者の方が○×を付けて一方的に解説するのではなく、できるだけお子さま自身で行うようにしてください。お子さま自身の目で確かめながら、どこが間違っていたのか、どうすればよかったのかを考えることで、理解が深まります。本問のような図形の練習には、クリアファイルとホワイトボード用のペンを用いるとよいでしょう。記号だけをクリアファイルを置いてペンでなぞり、問題の指示のように動かせば、それがそのまま答えとなります。また、この問題では解答に使用する色が異なることもあり聞く力も試されています。当校では解答の時、使用する色が指定されますので、最後まで問題を聞く習慣を付けておきましょう。

【おすすめ問題集】

Ｊｒ・ウォッチャー5「回転・展開」、46「回転図形」、
分野別 苦手克服問題集 図形編

問題18　分野：常識

〈準 備〉 クーピーペン（青、赤、黒）

〈問 題〉 動物の顔と尻尾と足跡があります。同じ動物のものを選んで、黒の線でつなげてください。

〈時 間〉 40秒

〈解 答〉 下図参照

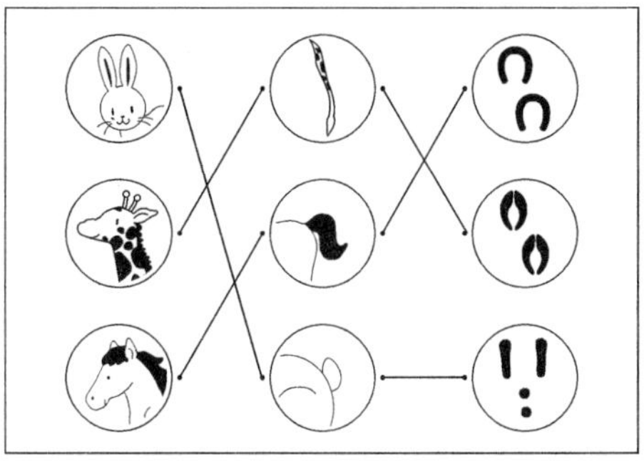

［2023年度出題］

アドバイス

動物の足跡の形まで知っておく必要があり、細かな知識が求められています。しかし、足跡は小学校受験では頻出のものなので、解けなかった場合にはこれを機会に覚えておきたい知識です。この時のポイントはただ単に、動物と足跡の形だけ記憶するのではなく、「なぜそのような形なのか」「それぞれの動物で足の形はどのような役割を果たしているのか」なども確認してみるとよいでしょう。お子さまの興味が出てくるはずです。例えば、この問題であれば、ウマが出題されていますが、ウマの前脚と後脚では蹄の形が少し違います。前脚は主に方向転換をするために使用されて、後脚は前に進むために使用されるという役割の違いがあるため、それに応じた形になっています。
単に、答えだけではなく、少し深掘りした学び方をすると、記憶にも残りやすく、お子さまの好奇心を広げることにもなります。

【おすすめ問題集】

Ｊｒ・ウォッチャー11「いろいろな仲間」、27「理科」、55「理科②」

分野別 苦手克服問題集 常識編

問題19　分野：言語

〈準 備〉　クーピーペン（青、赤、黒）

〈問 題〉　◎がついている絵から始めて、できるだけ長くしりとりできるように青い線で絵を結んでください。

〈時 間〉　１分

〈解 答〉　下図参照

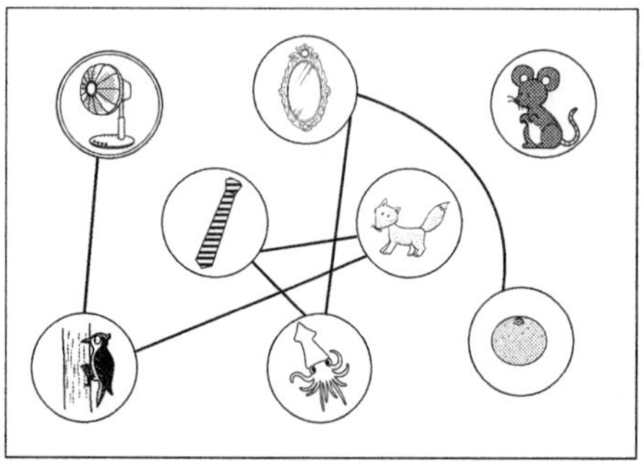

[2023年度出題]

アドバイス

本問のような言葉遊びの問題に正しく答えるためには、年齢相応の語彙をそなえていることが必要となります。また、本問には正答よりも短く終わってしまうパターンも含まれているため、一度しりとりを完成させてたとしても、他に考えられるパターンがないか検証する必要があります。しりとりの問題は「できるだけ長く行う」もの以外にも「２番目の音を使って行う」ものなど様々な種類があります。しっかりと正解を出せるようにするにはある程度、問題をこなし変則的なしりとりのルールを使った問題に慣れておく必要があります。加えて、日頃から、保護者の方が意識して正しい言葉を使うとともに、積極的に言葉遊びをして楽しみながら理解を深めていくとよいでしょう。言葉は、机上の学習や口頭による説明だけでなく、実際に生活の中で使ってこそ身に付いていくものです。車の中や散歩中などゲーム感覚で言葉遊びを行っているうちに、言語の問題を解くための力が養われます。

【おすすめ問題集】

Ｊｒ・ウォッチャー17「言葉の音遊び」、49「しりとり」、60「言葉の音」

問題20　分野：運動

〈準備〉　クーピーペン（青、赤、黒）

〈問題〉　この問題の絵はありません。

（集団で行い、モニターで掛け声と動きのお手本が示される）

モニターに映った動きを真似してください。
・「これから冒険に出発します」と言われたら、行進をする。
・「ビルが見えてきましたよ」と言われたら、手を腰とおでこにあててキョロキョロする。
・「タワーのポーズをしてください」と言われたら、手のひらを合わせて、そのまま腕を頭上にピンと伸ばす。
・「好きなタワーになりましょう」と言われたら、自分の考えたタワーのポーズをとる。

スキップで元の位置に戻る。

〈時間〉　適宜

〈解答〉　省略

［2023年度出題］

アドバイス

運動は動きを真似するというものですので、元気よく行うことが大切です。また、動きがいくつかありますが、掛け声をかけられたら、動きもしっかりと切り替えられるようにしましょう。ここで、元気すぎるお子さまの場合は、はしゃぎすぎてしまって上手く動きを切り替えることができないこともありますので、練習の時から注意しましょう。
また、運動は上手く真似が出来ていたかももちろんですが、待っている時の姿勢なども観られています。ですので、ご自宅で行う際には、是非、試験で指示があるまでの待ち時間も想定して、行ってみてください。その時には、背中が曲がったり、足を交差させたりして待つのではなく、背筋を伸ばして、先生の方を見て待てるようにしましょう。

【おすすめ問題集】
Ｊｒ・ウォッチャー28「運動」、29「行動観察」、新 運動テスト問題集

問題21 分野：行動観察

〈準 備〉 紙コップ（大５個、小５個）、厚紙（10枚）、ビニールシート

〈問 題〉 この問題の絵はありません。
（２、３人のグループになりビニールシートの上で行う）
・紙コップと厚紙を使い、お友だちと協力してタワーを作りましょう。紙コップは全部使って、できるだけ高いタワーをつくってください。

・作り終わったら、タワーの名前を相談して決めてください。決まった名前はグループごとにみんなの前で発表してください。
最後に紙コップと厚紙を片付けましょう。

グループで作業をしている間に個別に呼び出され、以下の質問を受ける。
・どのようなところを工夫しましたか。
・タワーを倒さないためには、どうしたらよいですか。
・好きな食べ物はなんですか。

〈時 間〉 省略

〈解 答〉 適宜

[2023年度出題]

アドバイス

本課題では、話し合いながらタワーを作っていく必要あります。お互いの意見を交換し、初めて会う人ともコミュニケーションを取り、協調しながら作業ができるかを観られています。このような課題では、リーダーシップをとることで、試験が有利になるようなことはありません。お子さまの性格にあわせて、あらかじめ振る舞い方を相談しておくことが大切です。例えば、率先して行動できるタイプならば、声をかけて考えを聞き出すように促しておくとよいでしょう。指示通りに行動することが得意ならば、他のお友だちの考えに合わせて、テキパキと行動すればよいでしょう。また、他のお友だちと意見が分かれた時にはどうすればよいかなども、事前に話し合っておきましょう。お子さまが普段、お友だちとどのように接しているのかを保護者の方はよく観察して、お子さまの「よさ」を見つけることから取り組んでみてください。

【おすすめ問題集】

Ｊｒ・ウォッチャー23「切る・貼る・塗る」、29「行動観察」、
実践 ゆびさきトレーニング①②③

問題22　分野：親子面接

〈準　備〉　なし

〈問　題〉　この問題の絵はありません。

【志願者に】
・お名前を教えてください。
・この学校のお名前はわかりますか。
・１番楽しい時はどんな時ですか。
・動物園にいる動物でお家に連れて帰れるとしたら、どの動物がよいですか。保護者の方と相談して、発表して下さい。
・お休みの日に、家族と工作をするとしたら何をつくりますか、保護者の方と相談して、発表して下さい。

【父親に】
・志望理由を教えてください。
・当校と他校の違いについて教えてください。
・当校の教育指標である「18歳のプロファイル」で特に大切だと思われていることを教えてください。
・現段階でのお子さまの課題を教えてください。

【母親に】
・ジェンダーの視点から、女子教育の価値をどのように考えているか教えてください。
・子育てをしていて、喜びを感じたことを教えてください。
・当校に期待すること、求めることを教えてください。

〈時　間〉　適宜

〈解　答〉　省略

［2023年度出題］

アドバイス

保護者の方への質問の内容は、学校の特徴を知らなければ答えられないものが多く出されています。しっかりと事前に調べて、回答できるようにしておきましょう。当校では、お子さまもしっかりと考えを述べることが求められます。この時に、「です。ます。」「～から、～です。」という話し方ができるようにしておきましょう。話し方は一朝一夕に身に付くものではないので、しっかりと練習をしましょう。また、日常の中で単語だけで会話をするような習慣があるとすれば文章で言うようにするとよいでしょう。例えば、牛乳をとって欲しい時に「牛乳」とだけ伝えるのではなく、「牛乳をとってください」と文章で伝える習慣をつけておくと、面接の最中に言葉が乱れる心配が減ります。面接ではどうしても普段の様子が伝わるので、観られてもよい状態をつくっておくようにしましょう。

【おすすめ問題集】

新 小学校受験の入試面接Ｑ＆Ａ、面接テスト問題集、面接最強マニュアル
新口頭試問・個別テスト問題集

問題23　分野：お話の記憶

〈準備〉　クーピーペン（青、赤、緑）

〈問題〉　これからするお話をよく聞いて、後の質問に答えてください。

あけみさんはお母さんのお手伝いをするのが大好きです。あけみさんはお父さん、お母さん、弟のかい君と一緒に暮らしています。ある日の午後、お母さんが「今日の夕ごはんは何にしましょうか」とつぶやくと、弟のかい君が「カレーがいい！」と言いました。「じゃあ、夕ごはんはカレーにしましょう。カレーを作るにはお野菜が必要ね。じゃがいもに、ニンジンに、タマネギもあった方がいいわね」。お母さんがそう言うと、あけみさんは近くに住むおじいさんのお家に、野菜をもらいに行きました。おじいさんは、広い畑でいろいろな野菜を育てています。「おじいさんの畑には何があるの？」あけみさんがたずねると、「じゃがいも、ニンジン、それからタマネギもあるよ」とおじいさんは教えてくれました。「あけみちゃんはニンジンをとってきてくれるかな？」とおじいさんに言われ、あけみさんは畑を見まわしましたが、いつも見ているオレンジのニンジンはどこにも見当たりません。「おじいさん。ニンジンが見つからないけれど、どこにあるの？」とたずねると、おじいさんはニコニコ笑って「土の上には葉っぱだけが出ていて、みんながいつも食べているオレンジのところは、土の中で育っているんだよ」と言いながら、ニンジンを土の中から引き抜いてくれました。ほかにもじゃがいも、タマネギをもらいました。「おじいさん、ありがとう」とあけみさんはお礼を言って、スーパーマーケットへ向かいました。スーパーマーケットでは、お肉を買いました。お家に帰るといよいよカレー作りです。まずは野菜を切ります。その後にお肉を切って、お鍋に水を入れて火にかけました。それからお鍋にじゃがいも、ニンジン、タマネギ、お肉を入れて油で炒めていきます。火が通ってきたら、水を入れて野菜とお肉を煮ていきます。あけみさんはそれを見ていて「お母さん、いつも食べてるカレーの色じゃないよ」と言うと、「ルーを入れないとカレーの色にはならないのよ」と教えてくれて、あけみさんはびっくりしました。そのまましばらく煮てから、ルーを入れるとカレーのいい匂いがしてきました。ルーが溶け切って少し煮ると、とてもおいしそうなカレーできあがりました。
あけみさんはみんなのおわんを用意して、カレーをよそいました。夕食が始まり、お母さんとあけみさんが作ったカレーを、みんなは「おいしいね」と言いながらたくさん食べました。

①左上の絵から右下の絵まで、お話の順番になるように点と点を青い線で結んでください。
②あけみさんが作ったカレーを食べた人と、同じ気持ちの人の絵に青で○をつけてください。
③四角のなかの野菜のうち、お話に出てきた土の中で育つものに、緑で○をつけてください。

〈時間〉　各30秒

〈解答〉　下図参照

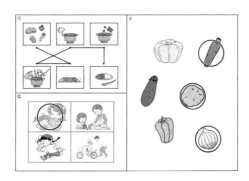

［2022年度出題］

アドバイス

お話の内容は単純ですが、幼児のお子さまにとってはカレーを作る工程はやや複雑ですので集中して聞いていないと記憶できない問題です。記憶力は毎日の積み重ねです。普段の生活に、絵本や昔話の読み聞かせを取り入れて日常の習慣にするとよいでしょう。読み終わった後は、感想を聞いたり、印象に残った場面を説明させたりすることで、聞く力が向上し、お話の記憶を解く力を伸ばすことにもつながります。また、読み聞かせで、お話を読むときは、内容がしっかりと伝わるように、ゆっくりと丁寧に読むことを心がけてください。そして、お子さまが問題を解いている様子を観察してみてください。解答記号の線の引き方や解くまでにかかった時間は、お子さまの記憶の特徴が表れます。お子さまの現状の記憶力を把握し、学習に活かしていくとよいでしょう。

【おすすめ問題集】

Ｊｒ・ウォッチャー19「お話の記憶」、NEWウォッチャーズ私立　記憶、
分野別 苦手克服問題集 記憶、１話５分の読み聞かせお話集①・②、
お話の記憶問題集 初級編・中級編・上級編

問題24　分野：常識

〈準 備〉　クーピーペン（青、赤、緑）

〈問 題〉　絵の野菜や果物を半分に切った時の絵を、青の線で結んでください。

〈時 間〉　１分

〈解 答〉　下図参照

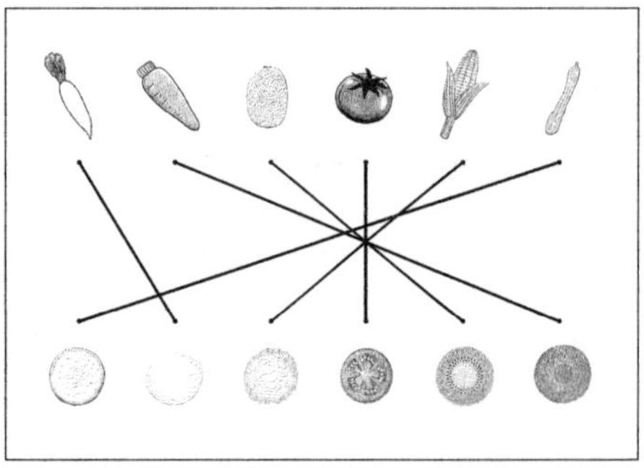

［2022年度出題］

アドバイス

この問題は知識がなければ解くことができませんので、分からなかったものは確認しましょう。その時に、できれば、実際の野菜や果物を使って確認することをおすすめします。写真やイラストで見るよりも、実際に目の前で見たものの方がお子さまの印象に残るはずです。さらに、こうした時に単に断面を見るだけではなく、季節の知識などと組み合わせて学ぶと、より学びが深まります。他にも土の中にできる野菜なのか、木になる果物なのかなども確認するとよいでしょう。小学校受験では野菜という１つをとっても、季節や断面、特徴など切り口がいくつかあります。１つの学習の機会で、多くのことが学べるように心がけましょう。

【おすすめ問題集】

Ｊｒ・ウォッチャー27「理科」、55「理科②」

問題25　分野：数量

〈準備〉　クーピーペン（青、赤、緑）

〈問題〉　**この問題は絵を縦に使用してください。**
上の四角を見てください。星の形のストラップを持っているとアメが２つ、家の形は３つ、リンゴの形は４つもらえます。このとき、動物たちが下の絵のようにストラップを持っている時、それぞれアメはいくつもらえますか。その数だけ右のマスに赤で○を書いてください。

〈時間〉　40秒

〈解答〉　下図参照

［2022年度出題］

アドバイス

上にお約束の絵が描いてありますで、それを参考にアメの数をそのまま数えればそれが正解になります。難易度からして必ず正解しておきたい問題です。ただ、一つ注意点があるとすれば、〇がしっかりと書けているかという点です。数の問題としてこの問題を捉えると難易度は低いですが、〇の数は合計で21個と多く書かなければなりません。最後になっても形が崩れずにしっかりと書けているかも、観点の一つと考えられますので保護者の方はそうした点も観るようにしてください。
また、上手く書けない場合は、ペンの持ち方が正しくないことが考えられます。一度、慣れてしまった持ち方は矯正するのが難しくなりますので、できるだけ早めに正しい持ち方で書けるようにしましょう。

【おすすめ問題集】
Ｊｒ・ウォッチャー14「数える」、40「数を分ける」、
分野別 苦手克服問題集 数量編

問題26　分野：位置の移動

〈準 備〉　クーピーペン（青、赤、緑）

〈問 題〉　クマが今、いるマス目から右に４つ、下に３つ、左に１つ、上に２つ、右に１つ進んだところに青で〇を書いてください。
ウサギが今、いるマス目から右に２つ、下２つ、左に１つ、下に１つ、上に１つ、右に１つ、上に３つ進んだところに赤で〇を書いてください。

〈時 間〉　各20秒

〈解 答〉　下図参照

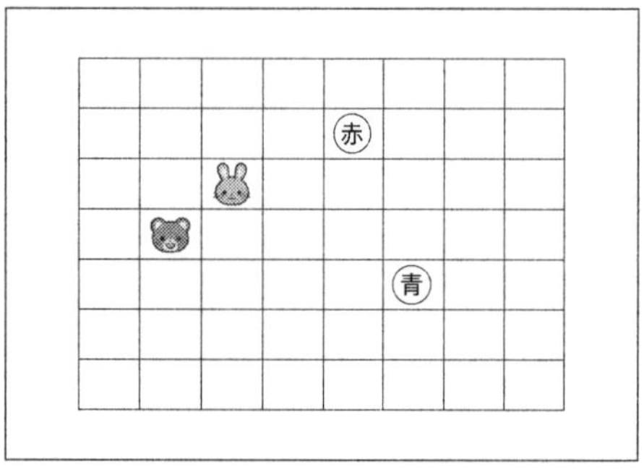

［2022年度出題］

アドバイス

上下左右の区別がしっかりついているお子さまであれば、特に難しいことはないでしょう。自分が今いるマス目を指先や筆記用具の先でおさえて確認しながら、次の指示を待って進めていけばよいでしょう。上下左右の区別があやふやなお子さまには、日常生活の中で「こっち」「あっち」といった表現でなく、「上・下・左・右・奥・手前」など位置関係を表す言葉を使うようにして、実感としてそれらが表す概念を理解できるようにしていってください。お手伝いで何かを取ってもらう時など、「右の戸棚」「上から３段目の棚」「左の引出し」のように指示を出すようにし、お子さまが指示語を実感として理解できるように促してあげるとよいでしょう。
また、このような移動の問題の場合、自分が今いるマス目ではなく隣のマス目から数え始めるという前提についても、教えておいてください。すごろくと同じ要領と考えれば、すんなり理解できるでしょう。なお、本問の場合、「上下左右」はお子さまから見ての「上下左右」ですが、地図上を人や動物が進んでいく問題などでは、「左右」は地図上の人や動物の視点からの「左右」になるため、注意が必要です。

【おすすめ問題集】
Ｊｒ・ウォッチャー2「座標」、47「座標の移動」

問題27　分野：言語

〈準 備〉　クーピーペン（青、赤、緑）

〈問 題〉　他のものと違う言い方になる絵を選んで、赤で○をつけてください。

〈時 間〉　30秒

〈解 答〉　下図参照

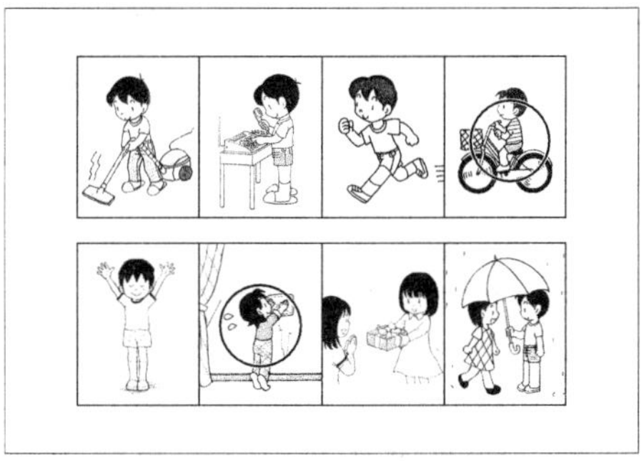

[2022年度出題]

アドバイス

このような問題は、どれだけ語彙を知っているのかがポイントになります。語彙というと物の名前や生き物の名前などに意識が向きがちですが、動作の表現も忘れないようにしましょう。この時の注意点としては、方言ではなく、一般名称で憶えるようにしましょう。
また、動作の場合はこの問題のように同音異義のものも多くありますので、それぞれの使い方と意味を確認しましょう。ただ、語彙はペーパーで確認するだけで身に付くものではありません。言葉は使いながら、自分のものとなっていきますので、積極的にお子さまと会話することがお子さまの言語の感覚を育てていきます。その他、新しい言葉を覚えたり、覚えた言葉を使う練習として、絵本の絵を説明させるというものがあります。絵本の絵を一つ選んで、どういう絵か説明させてみてください。お子さまにとって、言葉を使う練習になることはもちろんですが、説明をする力も育っていきます。もし、絵の中にお子さまの知らないものが描かれていたら、その都度、説明してあげると、これも語彙を増やすチャンスになります。

【おすすめ問題集】

Ｊｒ・ウォッチャー18「いろいろな言葉」

問題28　分野：回転図形

〈準 備〉　クーピーペン（青、赤、緑）

〈問 題〉　**この問題は絵を縦に使用してください。**
左の絵を矢印の向きに倒した時の絵を右から選んで、青で○をつけてください。

〈時 間〉　各20秒

〈解 答〉　①左から２番目　②右端　③右から２番目　④左から２番目

［2022年度出題］

アドバイス

この問題で大切なのはどのように変わったのかを把握することです。向きが変わるのか変わらないのか、回転するとどういう変化があるのかをしっかりと理解できるようにしてください。このような図形の問題ではペーパー上でルールを覚えるのではなく、トレーシングペーパーや折り紙などを用いて実際に動かしてみて、考えると理解が深まります。
また、この問題では上から下にいくにつれて徐々に難易度が高くなっています。回転図形の練習をするときには間違えてしまった問題よりすこし易しい問題から始めて、徐々に難しくしていくことをおすすめします。いきなり、間違えた問題のレベルから学習すると「できない」ものを解くことから始めることになります。まずは、お子さまに「できる」という意識を与えてから、勉強に取り組めるようにしましょう。

【おすすめ問題集】

Ｊｒ・ウォッチャー5「回転・展開」46「回転図形」、
分野別 苦手克服問題集 図形編

問題29　分野：系列

〈準 備〉　クーピーペン（青、赤、緑）

〈問 題〉　上の四角と同じクッキーの並び方をしているところを、青で囲んでください。囲めた数だけ、下の四角の中に緑で○をつけましょう。

〈時 間〉　40秒

〈解 答〉　下図参照

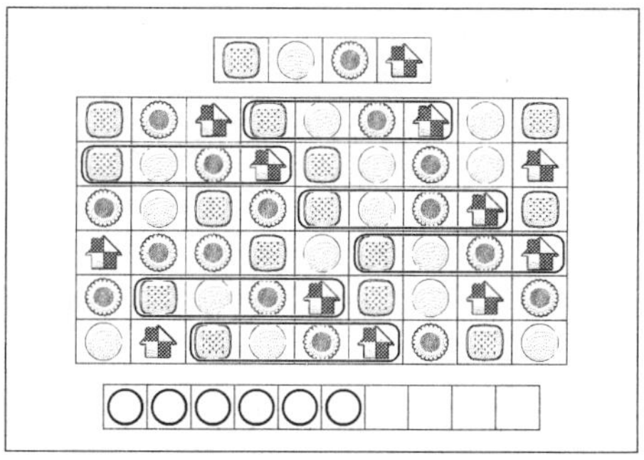

［2022年度出題］

アドバイス

系列の問題では、図形が並ぶ法則に従って、素早く正確に見つけ出す集中力が必要になります。まずは問題をよく見て、クッキーの並び方（パターン）を発見し、問題に取り組んでください。本問は記号の種類も並ぶ約束も複雑ではありませんが、囲めた数だけ○を書くという指示もありますので、問題文を最後まで聞いていたかも重要になります。
こうした、絵の中で一つの並びを発見する問題は目でだけで探すと見逃してしまうこともありますので、指で押さえたり、マークをするなど工夫をするとよいでしょう。系列の問題は日常の生活から学習に活かすことが難しいので、同じような問題を多く解いて慣れることが大切になります。

【おすすめ問題集】
Ｊｒ・ウォッチャー6「系列」

問題30　分野：模写

〈準 備〉　クーピーペン（青、赤、緑）

〈問 題〉　お手本と同じように緑で線を引いてください。

〈時 間〉　４分

〈解 答〉　省略

［2022年度出題］

アドバイス

斜めの線が多く難易度の高い問題です。まずは、点図形を描き始める点の位置を間違えないように確認してから始めることがポイントです。第一点を間違えると絵は全体的にずれてしまいます。絵の全体像をよく見て、しっかりと最初の点を定めてから、線を引きましょう。点図形では位置の把握が鍵となりますので、一本一本方向を確認しながら線を引いていきましょう。
普段から、お絵描きや塗り絵、模写などをクレヨン、クーピーペン、鉛筆、サインペンなど色々な筆記具を用いて行うとよいでしょう。どの道具を使っても縦の線、横の線、斜めの線が真っ直ぐに引けるように練習することが大切です。また、取り組む姿勢も観点の一つとなっているので、お子さまには落ち着いて、丁寧に行うことを心掛けるよう指導してください。

【おすすめ問題集】
Ｊｒ・ウォッチャー1「点・線図形」、2「座標」、51「運筆①」、52「運筆②」

問題31　分野：運動

〈準備〉　なし

〈問題〉　この問題の絵はありません。
「どうぶつたいそう１・２・３」の曲に合わせ、モニターに映る先生の動きを真似する。

〈時間〉　適宜

〈解答〉　省略

[2022年度出題]

アドバイス

楽曲が使用されていることもあり、楽しんで行うことが大切になります。もし、お子さまが動きを真似することが苦手であれば、本問のような曲に合わせて簡単に踊る映像などで練習をしましょう。テレビ番組やインターネットを利用して練習ができます。家の中で、できるものですし、ペーパーの問題を解いて疲れたときには、リフレッシュの方法としても有効です。ただ、このような課題はテストではしゃぎすぎてしまうとマイナスの評価になってしまうので、そうならないように指導しておきましょう。また、テスターの真似をしている様子以外にも、行動の切り換えや待つときの態度もしっかりと観られます。運動には行動観察としての側面もありますので、課題だけできればよいと考えるのではなく、お子さまの取り組む態度も練習の時から気にするようにしましょう。

【おすすめ問題集】
Ｊｒ・ウォッチャー28「運動」、29「行動観察」、新 運動テスト問題集

問題32　分野：行動観察、お話作り

〈準備〉　問題32の絵を線に沿って切っておく

〈問題〉　**この問題は絵をを参考にしてください。**

（２人１組で行われる）

・（２人のうち１人にＡの絵が渡される）どのような様子の絵ですか。お話ししてください。

・（残るもう１人にＢの絵が渡される）どのような様子の絵ですか。お話ししてください。

・（２枚の絵をつなげた様子を見せられる）２人で、相談してお話を作ってください。

〈時間〉　適宜

〈解答〉　省略

[2022年度出題]

アドバイス

この行動観察では、初めて会うお友だちとコミュニケーションを取り、協力しながら課題に取り組めるかがポイントになります。２人でお話を考える作業は、お互いに意見を出し合わなければ、上手くできません。ですから、自分の主張を強く言い過ぎたり、聞く姿勢がないようだと、よい結果につながりません。また、お話の出来や整合性などを意識してしまいがちですが、保護者の方は、ここで観られているのは取り組む姿勢や態度である、ということをお子さまに意識させるようにしてください。お子さま自身だけでなく、ほかのお友だちも楽しんで取り組むことができれば評価はよいものとなるでしょう。

【おすすめ問題集】

Ｊｒ・ウォッチャー21「お話作り」、29「行動観察」

問題33　分野：親子面接

〈準備〉　なし

〈問題〉　この問題の絵はありません。

【志願者に】
・お名前を教えてください。
・この学校のお名前はわかりますか。
・この学校の好きなところはどこですか。
・これまでの誕生日で１番うれしかったことは何ですか。
・夏休みを思い出して誰か２人に「ありがとう」のお手紙を書くとしたら、誰にどんな手紙を書きますか。お父さま、お母さまと相談して、発表して下さい。
・地震がきたときに大事なものを３つ持って避難するとしたら、何を持っていきますか。お父さま、お母さまと相談して、発表して下さい。

【父親に】
・願書を書く際、ご夫婦でどのようなことを話し合いましたか。
・学校の教育方針とご家庭での教育方針が異なる場合はどのように考えますか。
・コロナ禍で、ご家族とのかかわり方に変化はありましたか。
・お子さまのよさが現れたエピソードを教えてください。

【母親に】
・当校を知ったきっかけと、志望理由を教えてください。
・当校の志願にあたり、ほかの学校と比較をしましたか。
・将来、お子さまにはどのような女性になってほしいですか。
・（仕事をしている場合）お子さまとの時間がどのようにつくっていますか。
・（仕事をしている場合）送り迎えや急な呼び出しへの対応は可能ですか。

〈時間〉　適宜

〈解答〉　省略

[2022年度出題]

アドバイス

保護者の方への質問は、学校への理解や教育観についてのものが質問される傾向にあります。そのため、面接までに、学校の情報を確認するとともに教育方針を言葉にするとどうなるかを考えておくことが重要です。ただ、その際に、学校側が求めている回答を模索し、それにマッチさせようとすることはおすすめしません。仮にそれで回答した場合、学校側は、その様な対策をし、回答していると直ぐに見抜きます。あくまでも、ご自身の考えを固めることです。そして、保護者の方の間で考えは共有して一貫性のある答えが述べられるようにしましょう。面接までに、ご家庭の教育観をしっかり振り返り自分の家庭の子育てに自信を持てるようにするとよいでしょう。お子さまの面接は、回答内容もさることながら、初めての大人との会話をしっかりと、スムーズに行うことができたかが肝要です。相手の目を見る、大きな声で伝える、姿勢、会話のマナーなどがこれに当たります。これらは、日常生活を通して身につけるように心がけてください。面接官は優しい言葉で語りかけてくれますが、友達ではありませんので、言葉遣いなどにも注意してください。

【おすすめ問題集】

新 小学校受験の入試面接Ｑ＆Ａ、面接テスト問題集、面接最強マニュアル
新口頭試問・個別テスト問題集

問題34　分野：お話の記憶

〈準 備〉　クーピーペン（青、赤）

〈問 題〉　これからするお話をよく聞いて、後の質問に答えてください。
お話を聞く時は、プリントを裏返してください。

ある日のこと、はるのちゃんがお庭に出てみると、木の枝と枝の間に、枯れ草を集めて作った何か丸いものを見つけました。次の日、その中に１羽のスズメが入っていました。「あれはスズメの巣だったんだ」はるのちゃんはそのスズメの巣を観察することにしました。何日か様子を見ていましたが、スズメは巣の中でじっとしたまま動きません。心配になったはるのちゃんは、お父さんを呼びました。「お父さん、あのスズメ、巣の中で何日もじっとして動かないの。どこかケガをしているのかしら」お父さんは様子を見たあと、はるのちゃんに話しました。「あれはお母さんスズメだよ。巣に卵を産んで、温めているところだよ」「卵をどうやって温めているの？」と、はるのちゃんが聞くと、「お母さんスズメのおなかの下で温めているんだよ」と教えてくれました。次の日、巣にお母さんスズメはいませんでした。巣の中には卵が４個。お父さんは、「そっと見守ってあげようね」と言いました。それから何日か経ちました。巣の中の卵が１個割れていて、黄色いくちばしが見えています。ついにヒナがかえったのです。お母さんスズメが巣に戻ってくると、ヒナは「ピーピー」と大きな声で鳴きながら口をあけています。お母さんスズメは、口にくわえたエサをヒナの口に入れました。「かわいい！」はるのちゃんはこのヒナに「ぴーちゃん」と名前をつけました。さらに何日か経った頃、はるのちゃんがお庭に出てみると、草むらで何かがバタバタしています。どうやらぴーちゃんが巣から落ちてしまったようです。はるのちゃんはあわててお父さんを呼びました。「大変！ぴーちゃんが巣から落ちちゃったよ。巣に戻してあげようよ」と言うと、お父さんは、「助けちゃダメだよ。そのままにしておこう」と言いました。「どうして？このままじゃ危ないよ」と、はるのちゃんが言うと、「大人のスズメになるために、ぴーちゃんは飛ぶ練習をしているんだよ。ほら、あそこを見てごらん。スズメのお母さんも応援しているよ」お父さんはそう言って、木の枝を指さしました。そこにはお母さんスズメが止まっていて、じっとぴーちゃんを見ています。はるのちゃんも、「ぴーちゃん、がんばれ！」と、心の中で応援しました。次の日、はるのちゃんがお部屋の窓から外を見ると、ぴーちゃんがお母さんスズメの後について一生懸命飛んでいるのが見えました。「ぴーちゃん、すごーい」はるのちゃんはぴーちゃんに向かって手を振りました。今はすっかり上手に飛べるようになったぴーちゃんは、お母さんスズメや、いっしょに生まれた３匹の兄弟と軒先に飛んできて、「チュンチュン」と鳴いています。はるのちゃんはその姿を見るために毎日外を見ています。

①（問題34-1の絵を渡して）お母さんスズメは、どのように卵を温めていましたか。お話に合う絵に、青で○をつけてください。
②お母さんスズメはぴーちゃんにどうやってえさをあげていましたか。お話に合う絵に、青で○をつけてください。
③（問題34-2の絵を渡して）お話の順番に、絵を青の線で結んでください。
④（問題34-3の絵を渡して）飛ぶ練習をしているぴーちゃんの様子を見ていたはるのちゃんは、どんな気持ちですか。同じ気持ちの絵に青で○をつけてください。

〈時間〉　各20秒

〈解答〉　下図参照

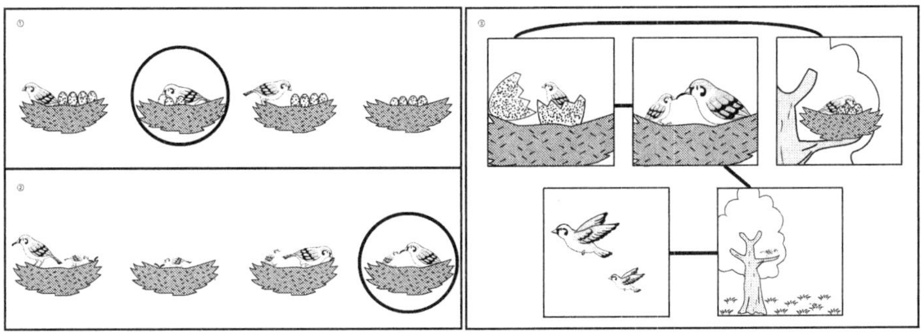

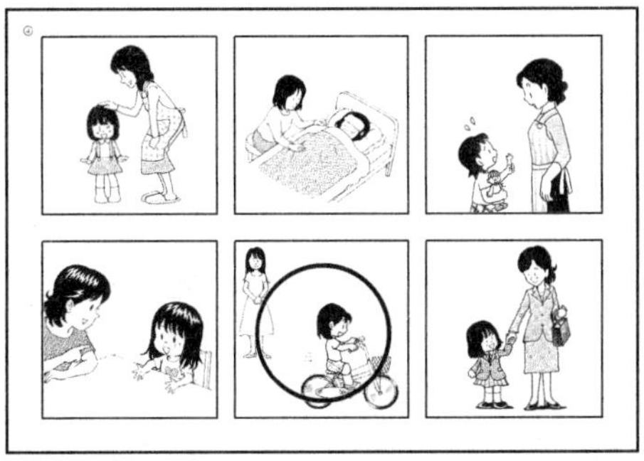

［2021年度出題］

アドバイス

本問はお話を聞いた後に設問に答える問題です。お話の内容だけではなく、細部や全体の流れ、登場人物の心情も問われているため、どんなことがあったかだけではなく、お話の流れをしっかり理解できているかが重要です。お話を聞く時は、話全体の流れをつかみつつ、場面を思い浮かべながら、細かい描写を覚えていくというのが基本です。ふだんの読み聞かせの際に、５Ｗ１Ｈを意識させ、今の発言は誰で、どんな気持ちかなどを確認しながら聴く練習をするとよいでしょう。例年、込みいったストーリーのお話からはあまり出題されていませんが、設問にはひねったものもあります。③では運筆、④では心情理解の問題が出題されています。お話をただ覚えていればよいというわけではないのです。

【おすすめ問題集】

Ｊｒ・ウォッチャー19「お話の記憶」、

１話５分の読み聞かせお話集①・②、お話の記憶　初級編・中級編・上級編

問題35　分野：推理

〈準備〉　クーピーペン（青、赤）

〈問題〉　ウサギとクマが、それぞれサイコロを４回振りました。そして、それぞれサイコロの目の数だけ矢印の方向に進みます。ウサギもクマも最初はマスの外にいます。４回分進んだらまた１回目に戻り、くり返して進みます。クマはウサギにどこで追いつきますか。追いつくところに青で○をつけてください。

〈時間〉　１分

〈解答〉　下図参照

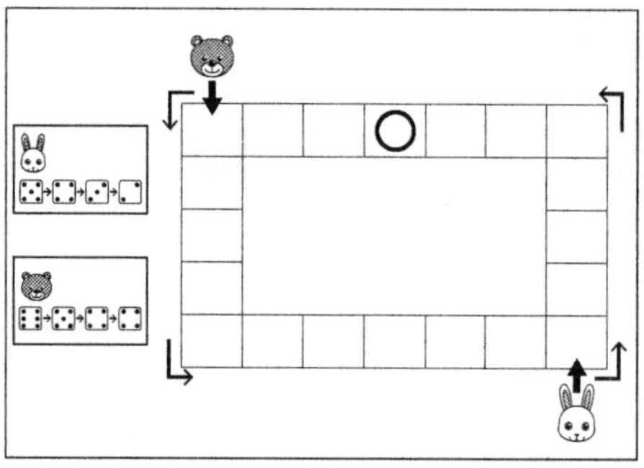

［2021年度出題］

アドバイス

「推理」分野の問題です。当校では、「推理」と言っても、ほかの数、量、形、言語、常識といったジャンルから複合した形で出題されるので、ほかの分野の学習も同時に進めておく必要があるでしょう。例えば本問では、それぞれの動物が進んでいく数を数えれば10以上の数を扱うことになるので、足すといくらになる、引くといくらになるといった数に対する理解も必要になってきます。もちろんウサギが進んだマスを数え、次にクマが進んだマスを数え、の繰り返しで答えを出してもよいのですが、時間が足りなくなるかもしれません。時間内に正解するためには、こうした問題に慣れるだけではなく、数えること、計算することに対する感覚を身に付けた方がよいのです。

【おすすめ問題集】

Ｊｒ・ウォッチャー31「推理思考」

問題36　分野：言語（しりとり）

〈準　備〉　クーピーペン（青、赤）

〈問　題〉　①上の四角の左を見てください。「キツネ」から逆しりとりをしていて、「タヌキ」「ブタ」とつながっています。同じように、「かさ」から逆しりとりをはじめて、言葉を３つつなげてください。青のクーピーペンを使って線で結びましょう。
②上の四角の右を見てください。「イカ」からしりとりをしていて、「カニ」「ニンジン」とつながっています。同じように「らっぱ」からできるだけ長くしりとりをしてください。赤のクーピーペンを使って線で結んでください。

〈時　間〉　各30秒

〈解　答〉　下図参照（①かさ→スイカ→リス　②らっぱ→パンダ→だんご→ゴリラ）

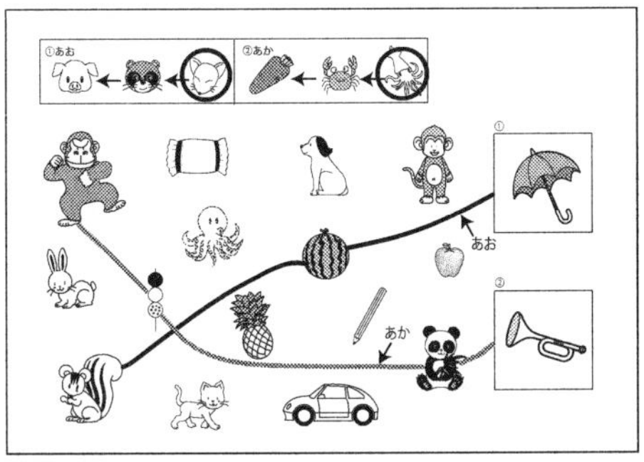

［2021年度出題］

アドバイス

言語分野の問題は毎年出題されますが、その内容はバラエティに富んでいます。しりとりを中心に頭音つなぎや動作を表す言葉と、いくつかの絵を組み合わせるなどで、工夫された内容です。求められる語彙は年齢なりに知っていて当然のもので、問題の内容もそれほど難しいものではありませんが、あまり見かけないものもあるので注意しておきましょう。例えば①は逆しりとりを、②はふつうのしりとりを長く行うように指示されています。この中で「逆しりとり」はあまり見かけないもので、「できるだけ長くしりとりをする」は、意識しておかないと違った答えを導き出すかもしれないというわけです。①②それぞれを解く際に、意識の切り替えをしっかり行い、問題を聞く時は先入観をもって聞かないようにしましょう。

【おすすめ問題集】
Ｊｒ・ウォッチャー49「しりとり」

問題37　分野：常識（理科）

〈準　備〉　クーピーペン（青、赤）

〈問　題〉　卵から生まれる生きものに青で○をつけてください。

〈時　間〉　30秒

〈解　答〉　下図参照

［2021年度出題］

アドバイス

「理科」の問題は、当校ではこの年頃のお子さまなら知っていて当然という知識についてが出題されがちです。とは言え、自然に関する興味関心はお子さまによって異なるので、無理に知識を詰め込むとかえって好奇心をなえさせてしまいます。机上の知識も大切ですが、実地や観察を通して、お子さまが興味を持つように促し、学習を進めていくとよいでしょう。親子で図鑑を見たり、動物園や植物園などに足を運んだりして、お子さまから「なんで」「どうして」と質問が出るようになれば興味を持ったということかもしれません。保護者の方はお子さまが得た知識を整理してあげることも忘れないようにしてください。

【おすすめ問題集】

Ｊｒ・ウォッチャー27「理科」、55「理科②」

問題38　分野：図形（同図形探し）

〈準備〉　クーピーペン（青、赤）

〈問題〉　①上の段の左の四角の女の子は、はるのちゃんです。はるのちゃんはお母さんと顔がよく似ています。はるのちゃんのお母さんを右から選んで青で○をつけてください。
②よく聞いて答えてください。「魚です。目が２つ描かれていません。口は丸くありません。体は細いです。うろこは丸い模様になっています」下の段の四角から選んで、青で○をつけてください。

〈時間〉　各30秒

〈解答〉　下図参照

［2021年度出題］

アドバイス

本問は「同図形探し」の問題ではありますが、①と②では少し性質が異なっています。①は基本的な同図形探しの問題です。ただし、全体の形ではなく細部を比較するので集中して観察しないと答えられないかもしれません。図形ではなく人物を見比べるため難しく感じるのです。目、鼻、口など部分ごとに比較するなどの工夫をして、混乱しないようにしてください。②は条件に合った絵を探す問題です。まずは条件をしっかり聞きましょう。後はそれに沿って解答するだけです。なお、同図形探しの問題でも、正解、不正解だけではなく、お子さまの集中力や、指示を聞く姿勢も評価されます。練習の際には答えを探すことだけを目的としないで、その点にも注意するといいでしょう。。

【おすすめ問題集】

Ｊｒ・ウォッチャー４「同図形探し」

問題39　分野：数量（たし算・ひき算）

〈準備〉　クーピーペン（青、赤）

〈問題〉　絵を見てください。スズメの家族がエサを食べています。合わせて何個食べましたか。食べた数だけ青で○をつけてください。
①お父さんはエサを５個、お母さんはエサを２個、子どものぴーちゃんはエサを３個食べました。
②お父さんはエサを１個、お母さんはエサを５個、子どものぴーちゃんは、お母さんより３個少ない数のエサを食べました。

〈時間〉　各30秒

〈解答〉　①○：10　②○：8

［2021年度出題］

アドバイス

当校入試では数量分野の問題は頻出です。本問のような単純なたし算・ひき算のほか、数のやりとりや比較など、例年様々なタイプの問題が出題されます。どのようなタイプの問題でも、数のやりとりに対する基本的な理解があれば正しく解答できるでしょう。最初は具体物（おはじきなど）を使い、数の計算に慣れ、少しずつ頭の中で増減の処理ができるようにして、テストの際には、頭の中で数えることで正答が導けるようにしてください。「お話の記憶」と同様に、お話をよく聞き、話の流れをつかみながら、頭の中で数えるとよいでしょう。本問のような基礎的な問題は確実に解答したいものです。落ち着いて丁寧に取り組むことが大切です。

【おすすめ問題集】
Ｊｒ・ウォッチャー38「たし算・ひき算１」、39「たし算・ひき算２」、
43「数のやりとり」

問題40　分野：図形（対称・点図形）

〈準備〉　クーピーペン（青、赤）

〈問題〉　真ん中の線で絵を折った時、ぴったり重なるように、上に赤で線を描いてください。

〈時間〉　１分30秒

〈解答〉　下図参照

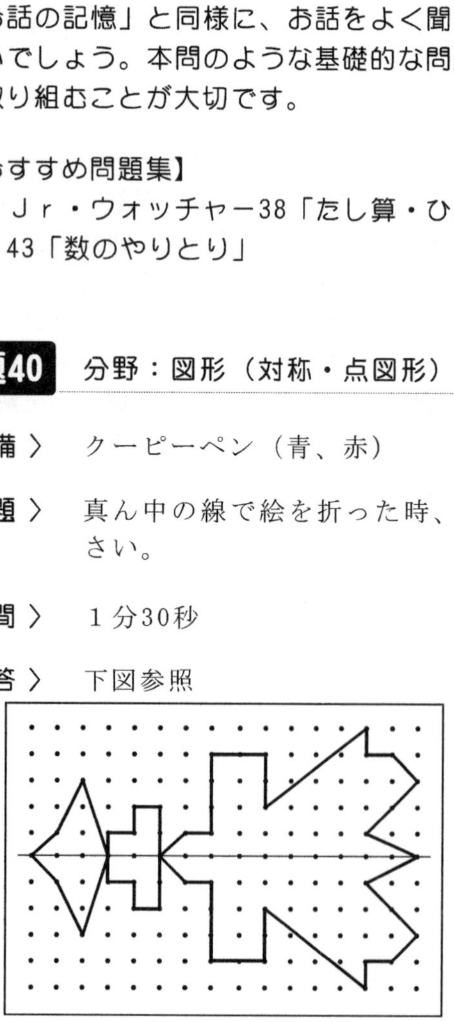

アドバイス

本問は真ん中の線を対称に図形を描く問題です。図形の対称や鏡図形を理解し、正確に位置を把握することが大切です。そのため、図をよく観察し、正確に着実に図を描く力も観られています。縦横の線に比べて斜めの線を引くのは難易度が高い課題です。筆記用具を正しく持ち、きれいな線を引く練習を試験までに根気強く行うことも大切でしょう。また、図形の対称や鏡図形は、最初は理解するのが大変です。保護者の方は、実際に鏡を用いたり、窓に姿を映してみることから始め、紙を折ったり、裏返したりするなどして、体験を通して理解を促すようにしてください。落ち着いてていねいに取り組めば難しくない問題ですので、ふだんから何事も着実に取り組むようにさせましょう。

【おすすめ問題集】

Ｊｒ・ウォッチャー１「点・線図形」、８「対称」、48「鏡図形」、
51「運筆①」、52「運筆②」

問題41　分野：図形（系列）

〈準備〉　クーピーペン（青、赤）

〈問題〉　左の四角と同じ順番で並んでいるところを見つけて、縦の並びは青のクーピーペンで、横の並びは赤のクーピーペンで四角に囲んでください。

〈時間〉　１分

〈解答〉　下図参照

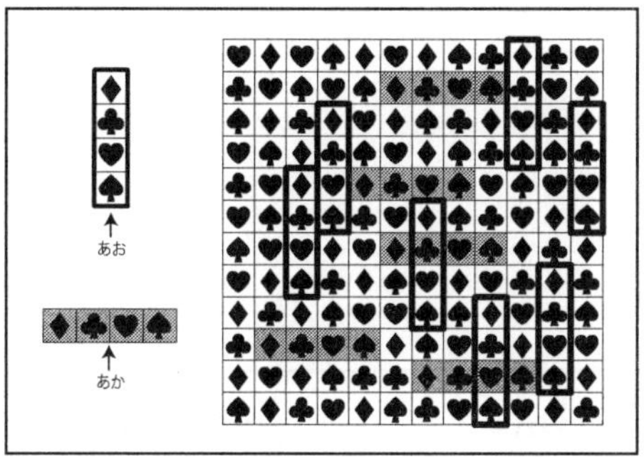

［2021年度出題］

アドバイス

系列の問題では、図形が並ぶ法則に従って、素早く正確に見つけ出す集中力が必要になります。まずは問題をよく見て、♥♠などの並び方（パターン）を発見し、問題に取り組んでください。本問は記号の種類も並ぶ約束も複雑ではありません。縦は青、横は赤という答え方の指示をよく聞いて理解し、指示に従い落ち着いて回答してください。目で見て探すだけではミスをしてしまうので、指で押さえたり、マークしたりするなど、お子さまなりの解き方を練習しておくといいでしょう。系列の問題はふだんの生活から学ぶというタイプの問題ではないので、そのためだけの学習が難しいものです。同じような問題を数多く解いて慣れていくしかありません。

【おすすめ問題集】
Ｊｒ・ウォッチャー６「系列」、31「推理思考」

問題42　分野：行動観察（指示行動）

〈準備〉　なし

〈問題〉　**この問題は絵を参考にしてください。**
これから見本を見せるので、じゃんけんのポーズを覚えてください（体を使って「グー」「チョキ」「パー」を表現する）。
①覚えたポーズを使って、じゃんけんを２回してください。
（３人ずつになって）
②誰があと出しをするかを３人で話し合って、覚えたポーズを使って、あと出しじゃんけんを２回してください。

〈時間〉　適宜

〈解答〉　省略

[2021年度出題]

アドバイス

本問は、行動観察（指示行動）の問題です。そのため、じゃんけんの勝敗は関係ありません。指示に従い、じゃんけんのポーズが模倣できるかということと、グループで話し合いができるかということが観られています。グループで話し合いをする際は、リーダーシップを取ればよいというものではなく、話し合いを円滑に行い、遂行できる協調性と、話し合いに積極的に参加する姿勢が求められています。また、本問ではじゃんけんの回数も指定されているため、指示をしっかり聞き、行動できるかも大切です。ふだんからお子さまがお友だちとどのように接しているかを保護者の方はよく観察し、お子さまの性格が把握できていれば、お子さまの個性に合わせた振る舞い方が見えてくるのではないのでしょうか。それに合わせて、お子さまが試験でどのような立場を取るべきかを練習するとよいでしょう。

【おすすめ問題集】
Ｊｒ・ウォッチャー29「行動観察」

問題43　分野：複合（制作・口頭試問）

〈準備〉　クーピーペン（赤、黄、緑、青）

〈問題〉　①（問題43-1の絵を渡す）花の絵があります。４色のクーピーペンを使って、濃くきれいにぬってください（絵を描いている最中に１人ずつ呼ばれ口頭試問）。
・あなたが好きなお花はなんですか。
・あなたが好きなお花を、家族の誰にプレゼントしたいですか。
・プレゼントをするために、お花屋さんにお花を買いに行ったら、お休みでした。どうしますか。
②（問題43-2の絵を渡す）お花とチョウチョウの絵を見てください。同じ数だけお花を分けると、チョウチョウは何本ずつお花をもらえますか。

〈時間〉　適宜

〈解答〉　①省略　②５本

［2021年度出題］

アドバイス

口頭試問とその待ち時間を利用した制作の課題です。例年はグループに分かれて話し合いをしながらの共同作業ですが、昨年は個人作業でした。個別の口頭試問の間の待ち時間の課題ですが、ぬり絵をきれいに塗ることだけが目的ではありません。静かに課題に取り組む姿勢も観られています。また、例年は作成している最中に試験官が制作物に対しての質問をしていく形でしたが、昨年は口頭試問の中で行われました。複雑な質問ではないので、落ち着いてていねいに答えれば問題ないでしょう。②は分配の問題です。分配の問題の中でも基本的な問題のため、試験官の指示を落ち着いて聞くことができれば解答できます。試験という慣れない環境の中でも落ち着いて指示を聞き、制作に取り組む姿勢が見せられるようにしましょう。

【おすすめ問題集】
Ｊｒ・ウォッチャー23「切る・貼る・塗る」、29「行動観察」

問題44　分野：面接（保護者・志願者）

〈準 備〉　なし

〈問 題〉　**この問題の絵はありません。**

【志願者に】
・名前を教えてください。
・好きな天気を教えてください。
・どうしてその天気が好きですか。
・その天気の日は何をして遊びますか。
・お父さんとお母さんの名前を教えてください。
・お父さんはどんな人ですか。いつもお父さんとどんな遊びをしていますか。
・家でどんなお手伝いをしていますか。
・今までお母さんに言われてうれしかった言葉を教えてください。

【父親に】
・志望動機をお話しください。
・ご家庭の教育方針を教えてください。また、当校の教育方針とご家庭の教育方針とで一致しているところはありますか。
・ご家庭の教育方針を、お子さまにどのように伝えていますか。
・グローバルマインド教育についてどうお考えですか。

【母親に】
・自己肯定感について、どうお考えですか。
・コロナ禍で、生活はどのように変わりましたか。どのようにお子さまと向き合っていますか。
・お子さまが興味を持っていることはどんなことですか。それにどのように関わっていますか。
・入学後、学校への送迎はどうなさいますか。

【全員に】
・どこにでも行ける乗り物があったら、どこに行きたいですか。３人で話しあってお子さまが答えてください。
・（小さい箱が提示される）ここに箱があります。この箱の中に、何が入っていたらうれしいですか。３人で話あってお子さまが答えてください。

〈時 間〉　20分程度

〈解 答〉　省略

［2021年度出題］

アドバイス

面接は、考査日前の10月に行われます。前年度は10/17または、10/24のどちらかを選択するという形でした。親子３人と試験官２名で、時間は20分程度です。入室の際は試験官がドアを開けてくれますが、退室の際は志願者自身が開けて出ることになります。どうやって出るのかを教えておいてください。志願者への質問も、保護者への質問も、小学校受験でよく質問される一般的な事項が中心です。お子さまへの質問の後、父親、母親へそれぞれ質問があります。家庭によって多少異なるものの、志望動機や教育方針などが中心になるかと思いますので、準備しておきましょう。また、当校の面接の特徴として、親子３人で相談し、志願者（お子さま）が答えるという質問もあります。これは、ご家庭内でのコミュニケーションの仕方や意思疎通ができているかが観点となっておりますので、ふだんから親子で会話をする習慣を付けるようにしてください。こうした課題では、ふだんの会話の様子や生活態度が出てしまうものです。ありのまま見てもらうのはちょっと…と思われるなら、ある程度は予行演習が必要です。

【おすすめ問題集】

新 小学校受験の入試面接Ｑ＆Ａ、面接テスト問題集、面接最強マニュアル
新口頭試問・個別テスト問題集

問題 1

①

②

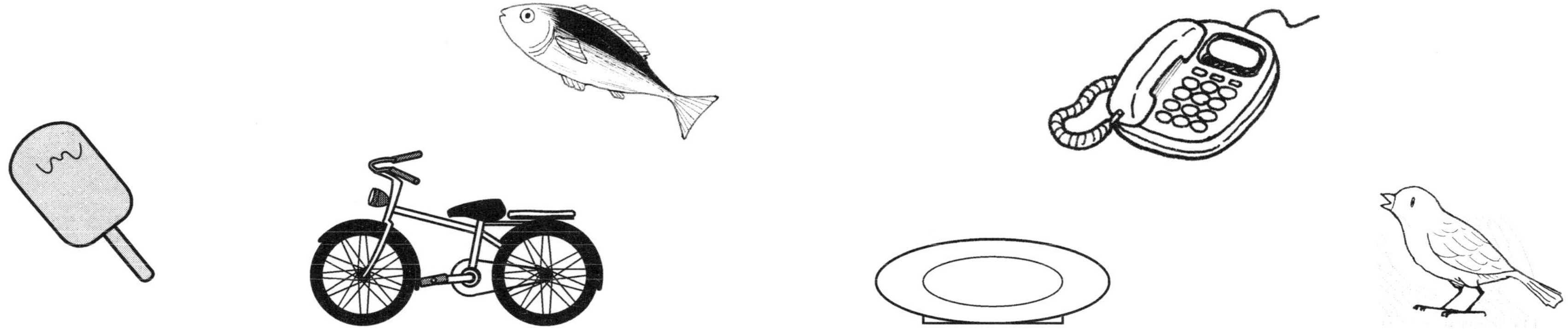

③

2025 年度　聖心女子学院　過去　無断複製／転載を禁ずる　　　　　　日本学習図書株式会社

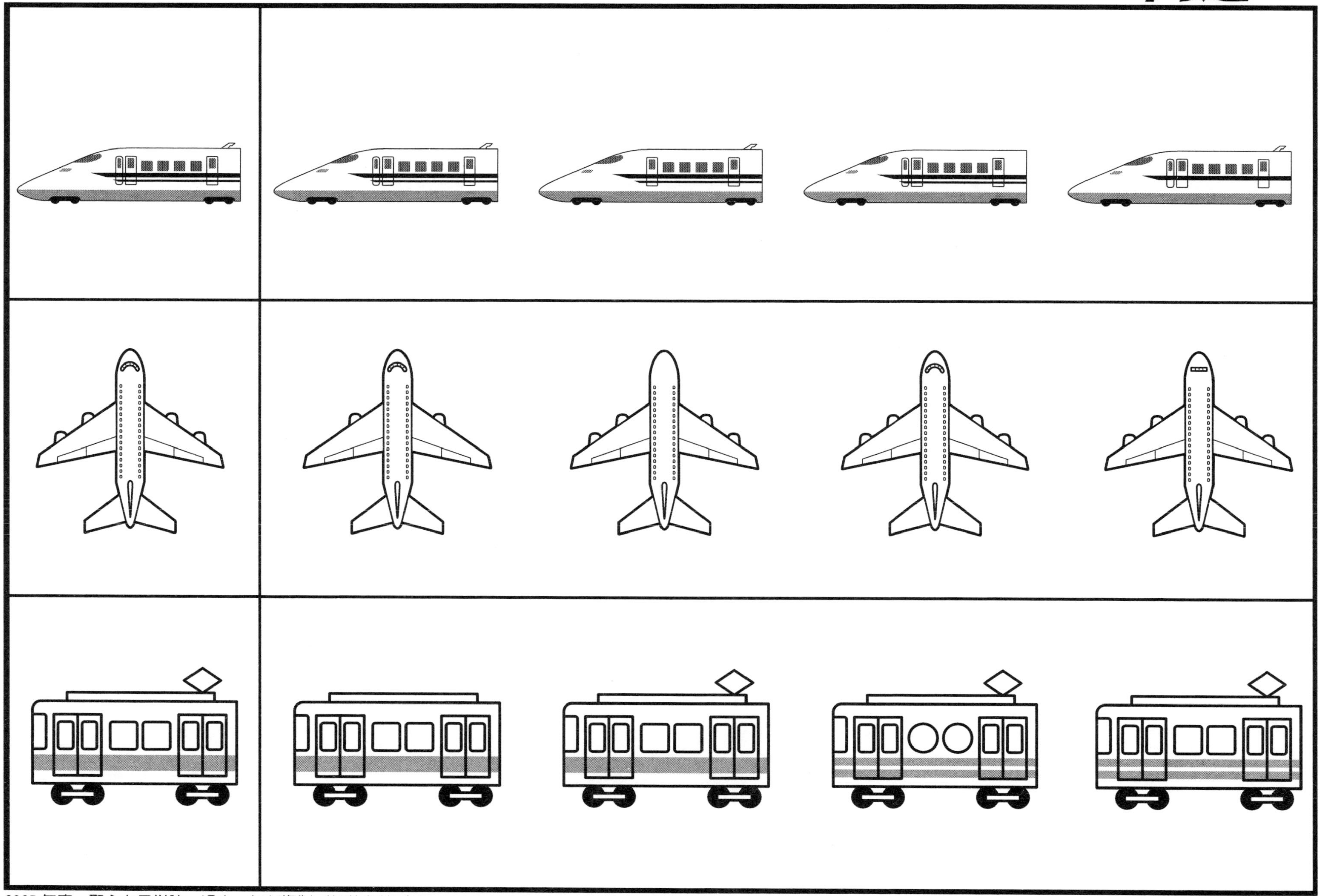

問題3

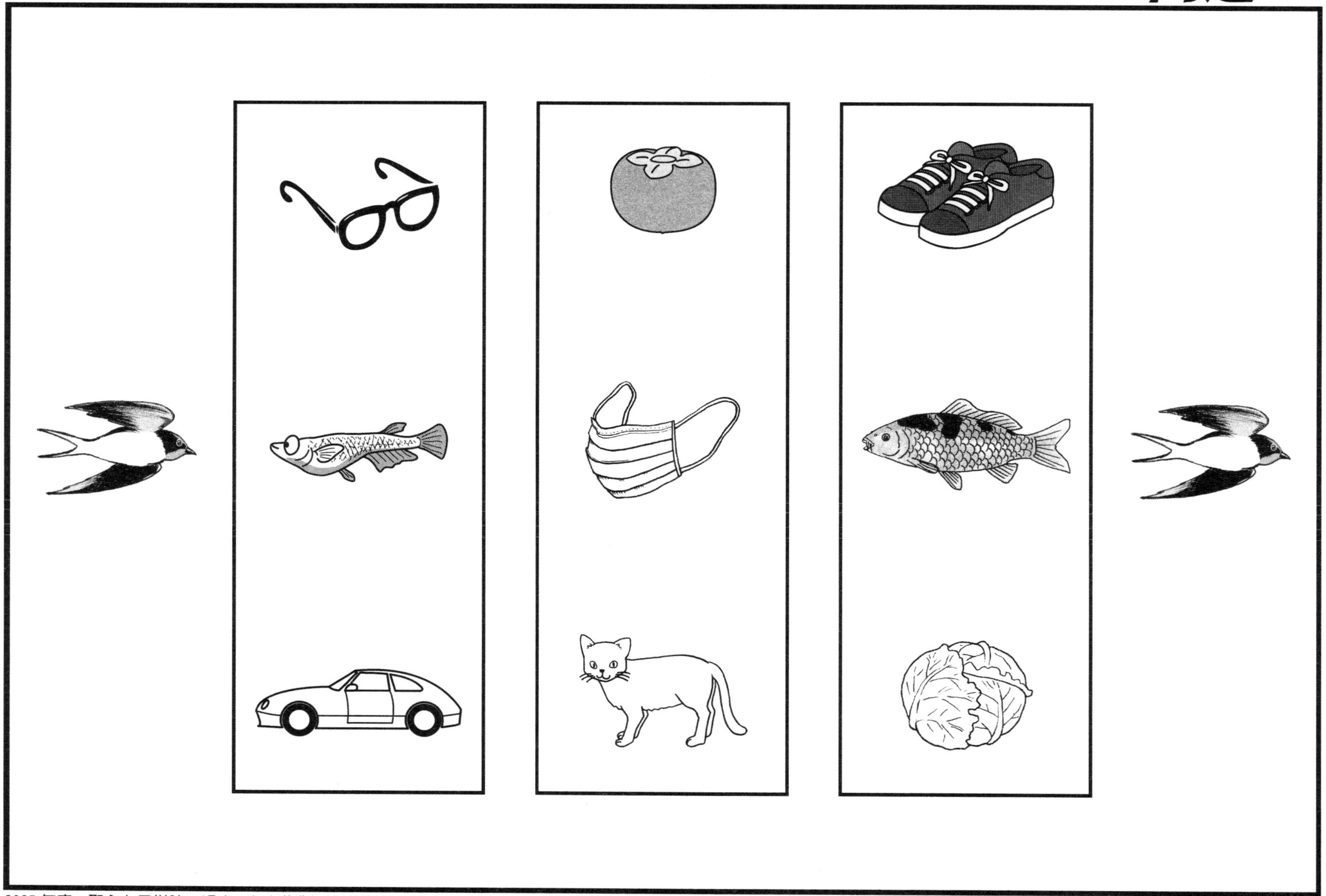

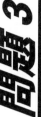

日本学習図書株式会社

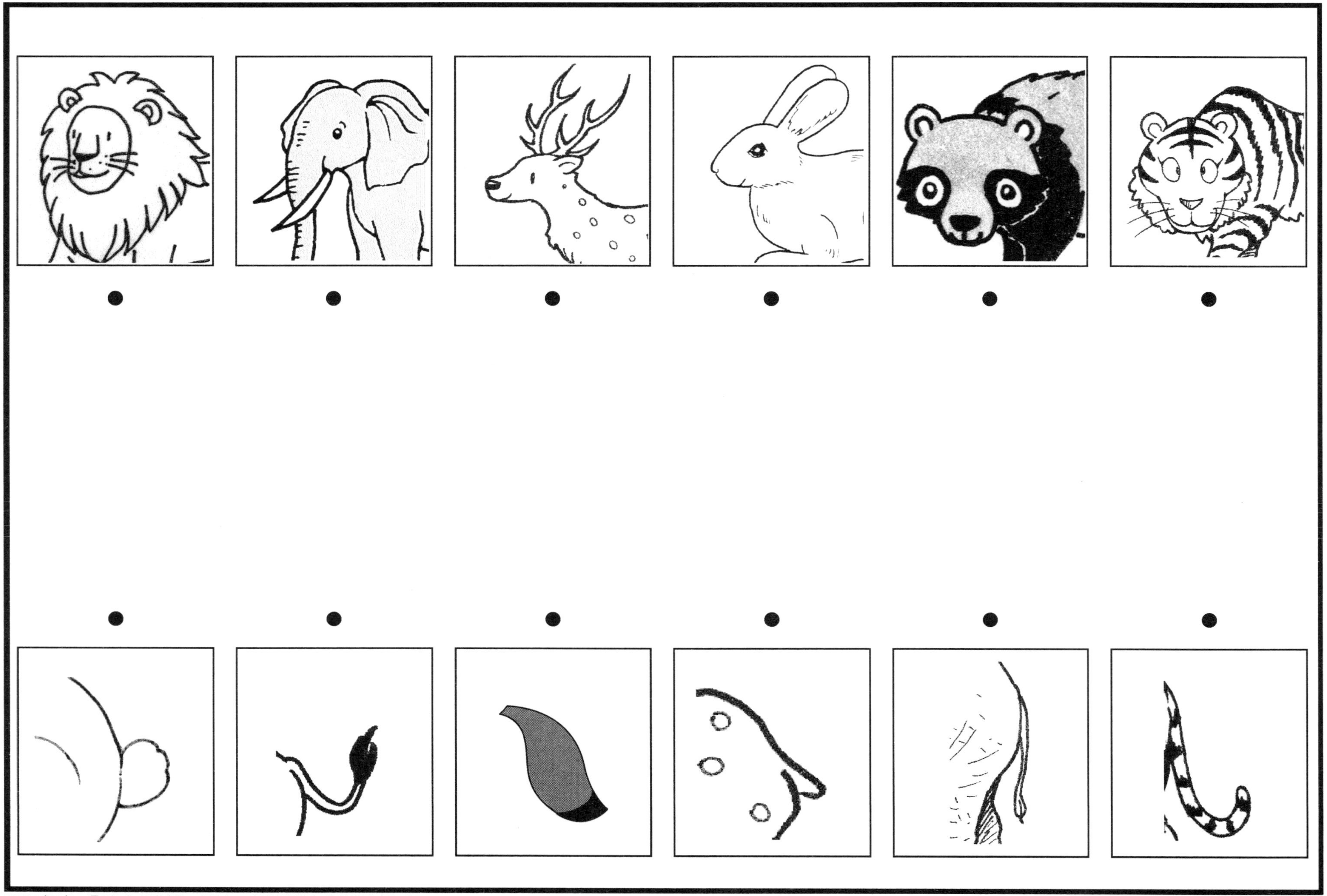

2025年度 聖心女子学院 過去 無断複製／転載を禁ずる 日本学習図書株式会社

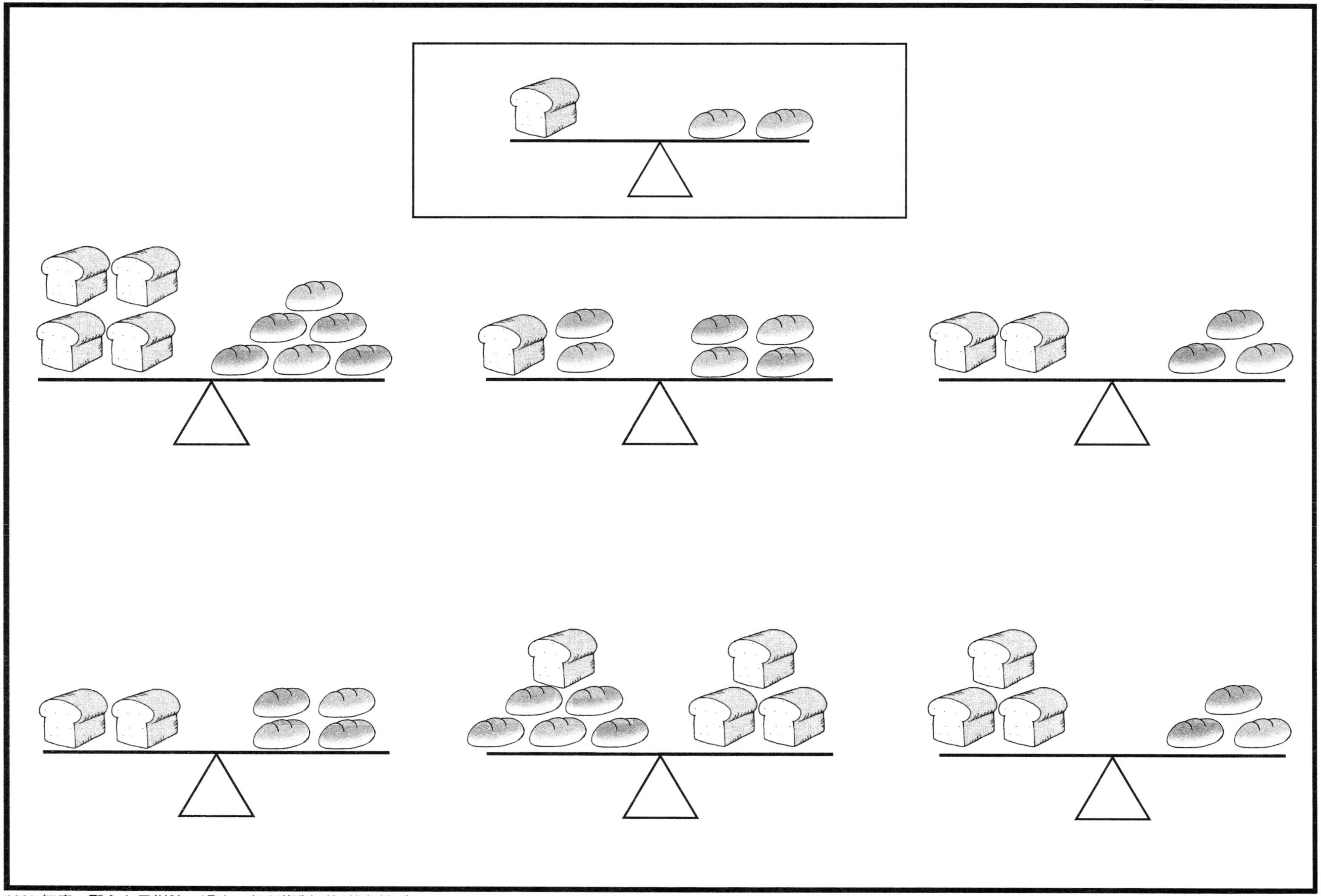

問題6

①

②

問題7

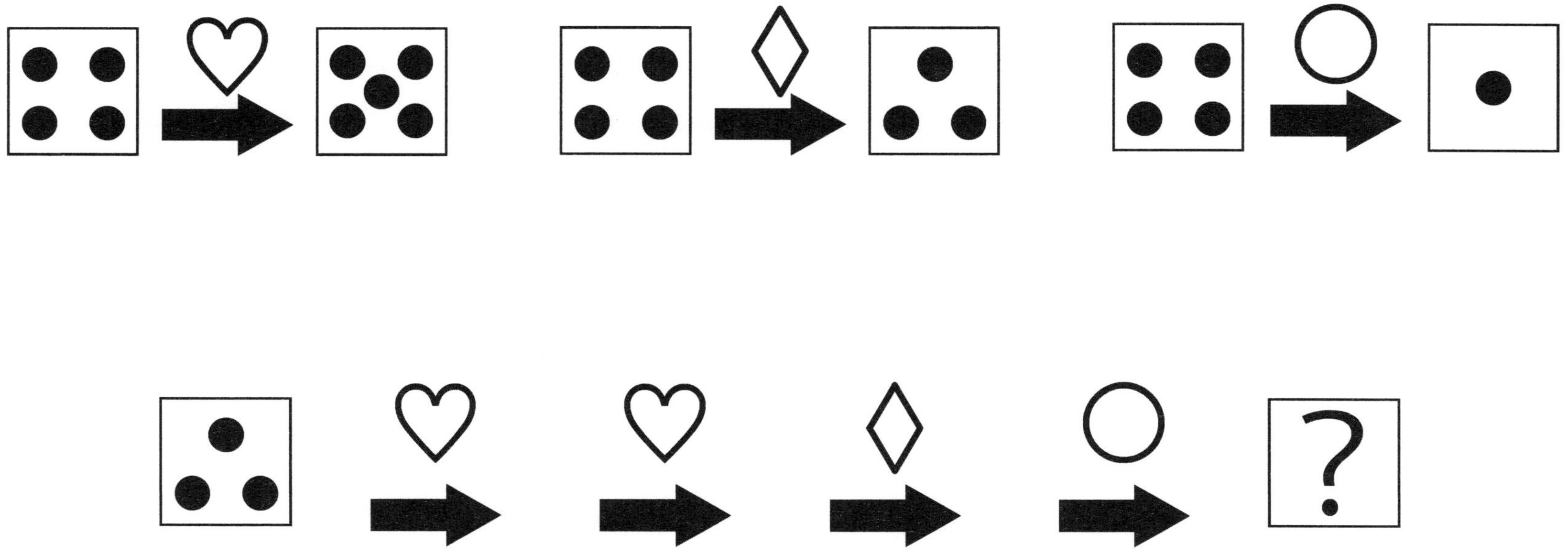

①

②

2025 年度 聖心女子学院 過去 無断複製／転載を禁ずる 日本学習図書株式会社

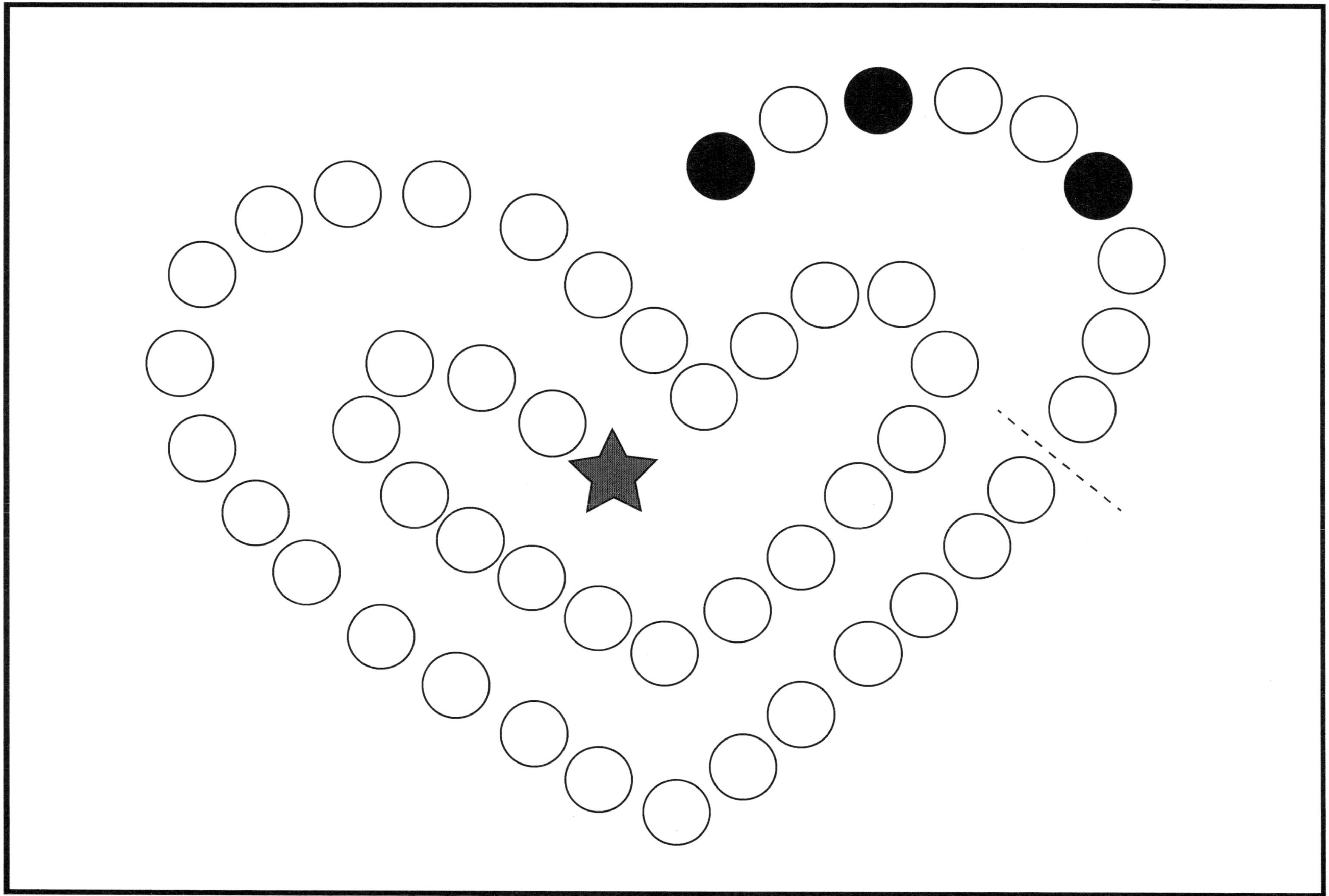

問題１２

①

②

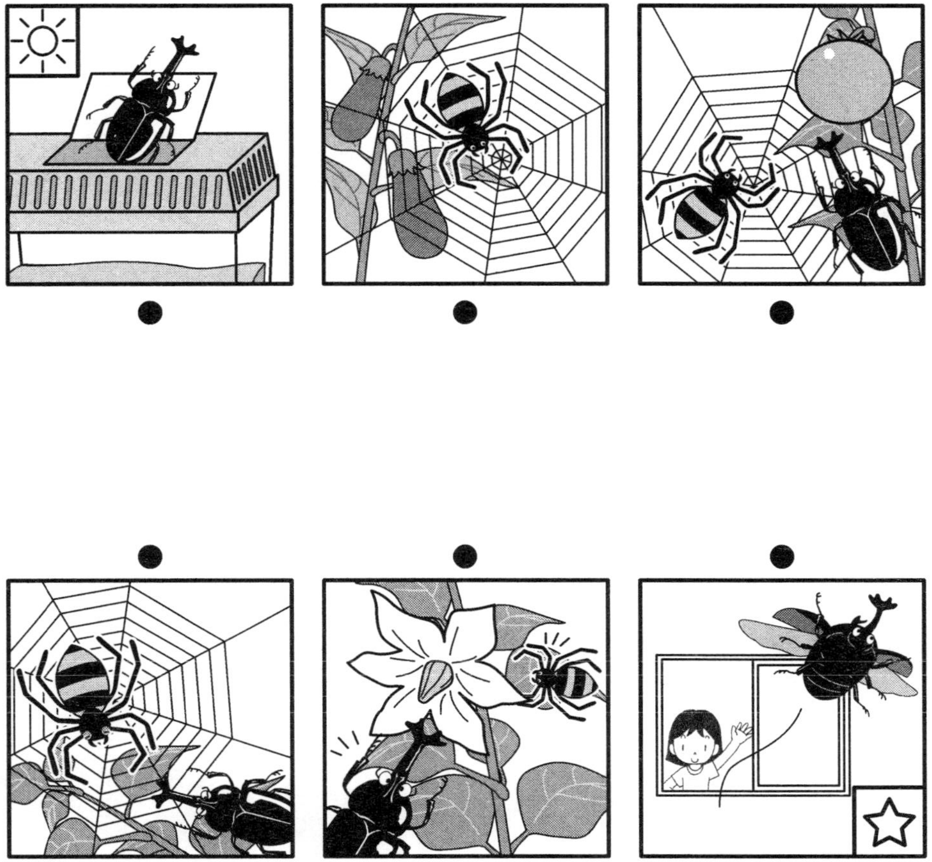

③

2025年度　聖心女子学院　過去　無断複製／転載を禁ずる　　　日本学習図書株式会社

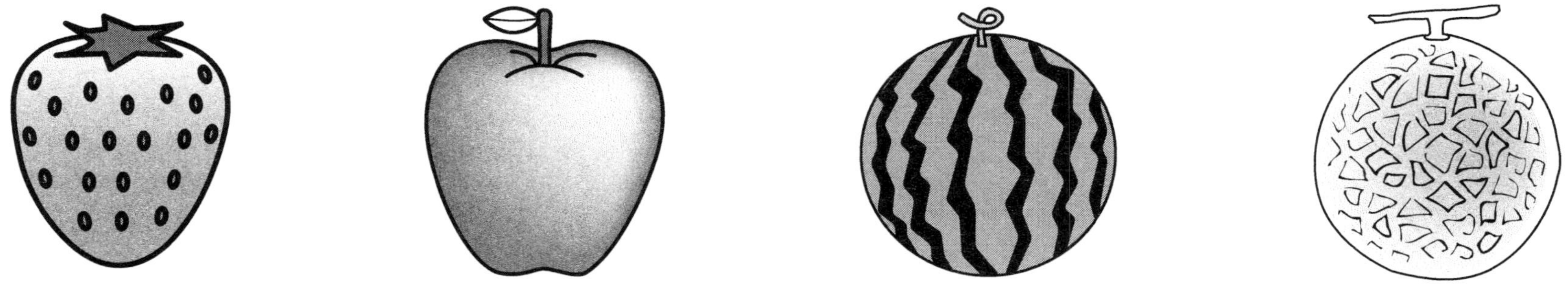

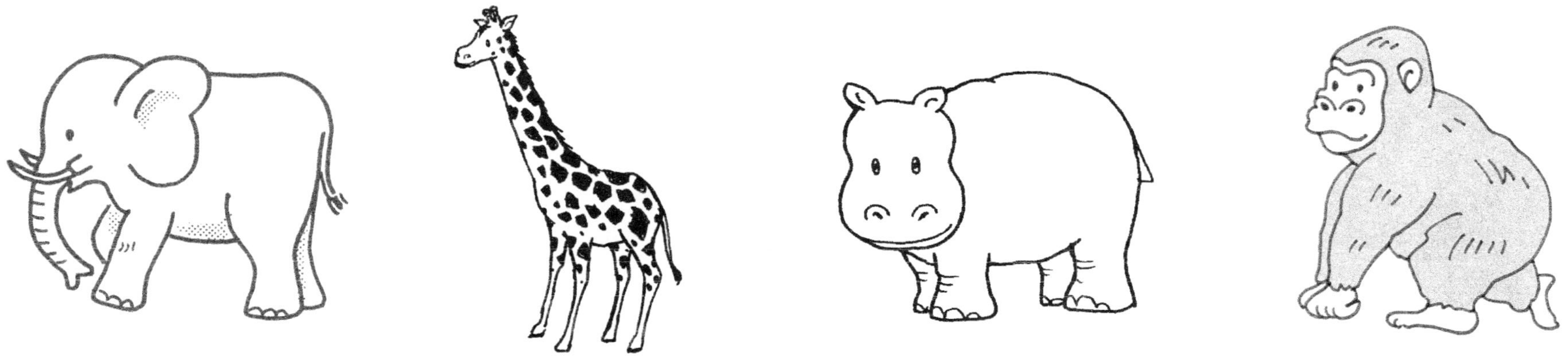

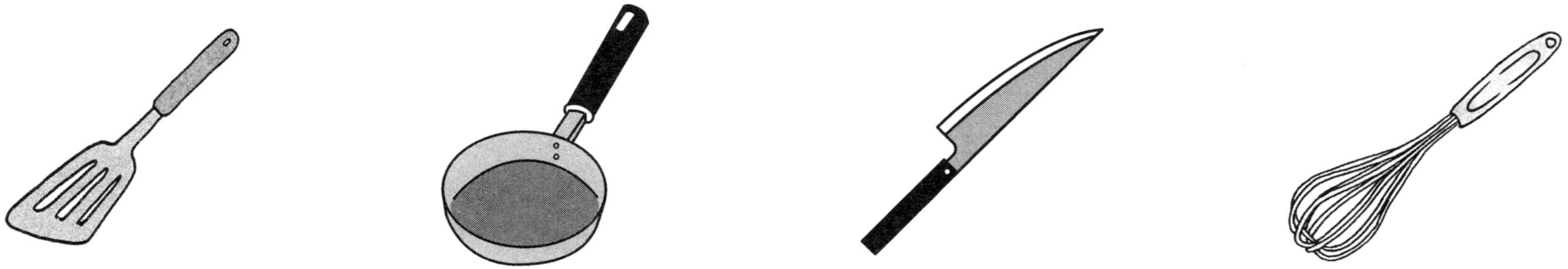

2025 年度　聖心女子学院　過去　無断複製／転載を禁ずる　日本学習図書株式会社

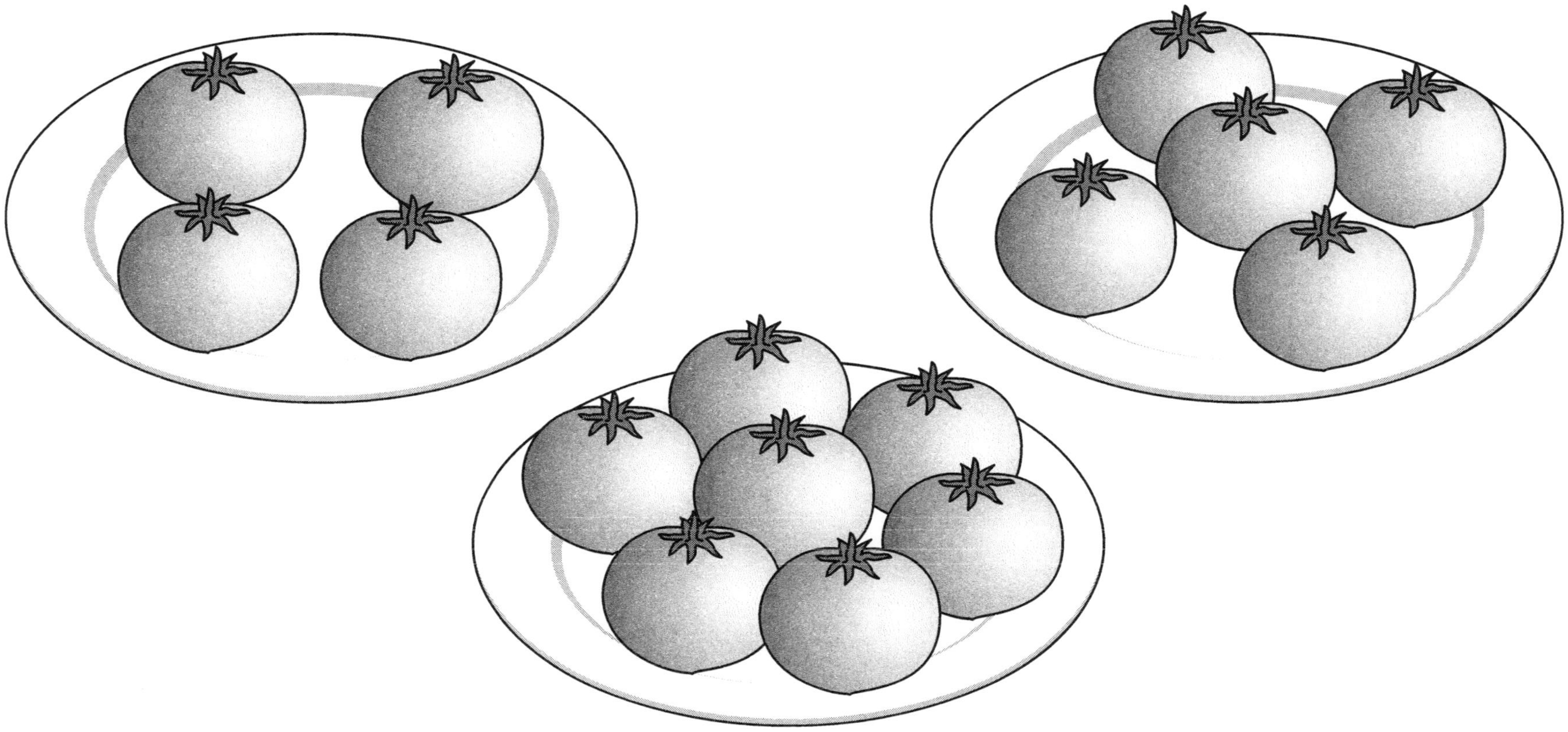

問題15

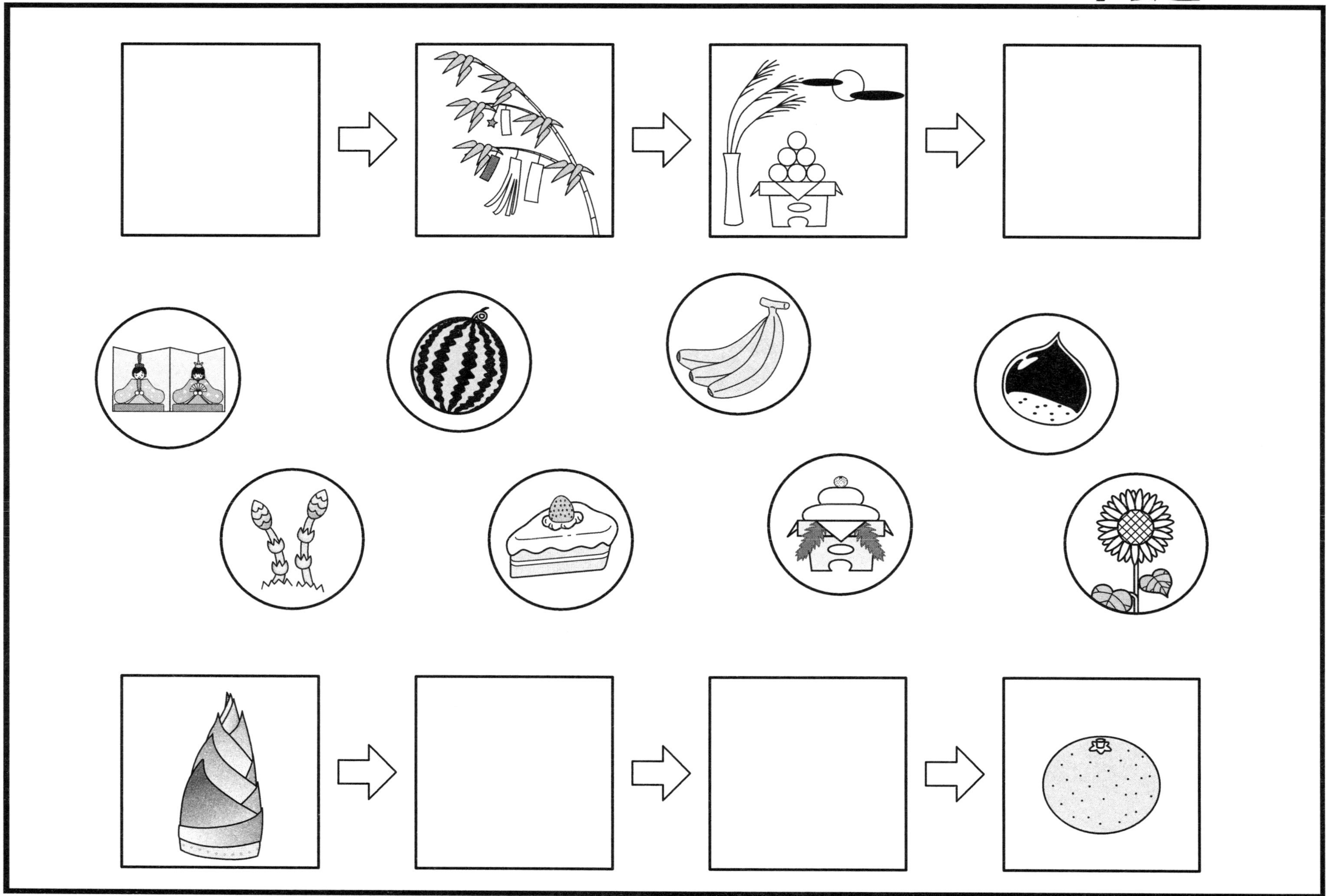

　

2025年度　聖心女子学院　過去　無断複製／転載を禁ずる　　　　　　　　　　　　　　　　　　— 60 —　　　　　　日本学習図書株式会社

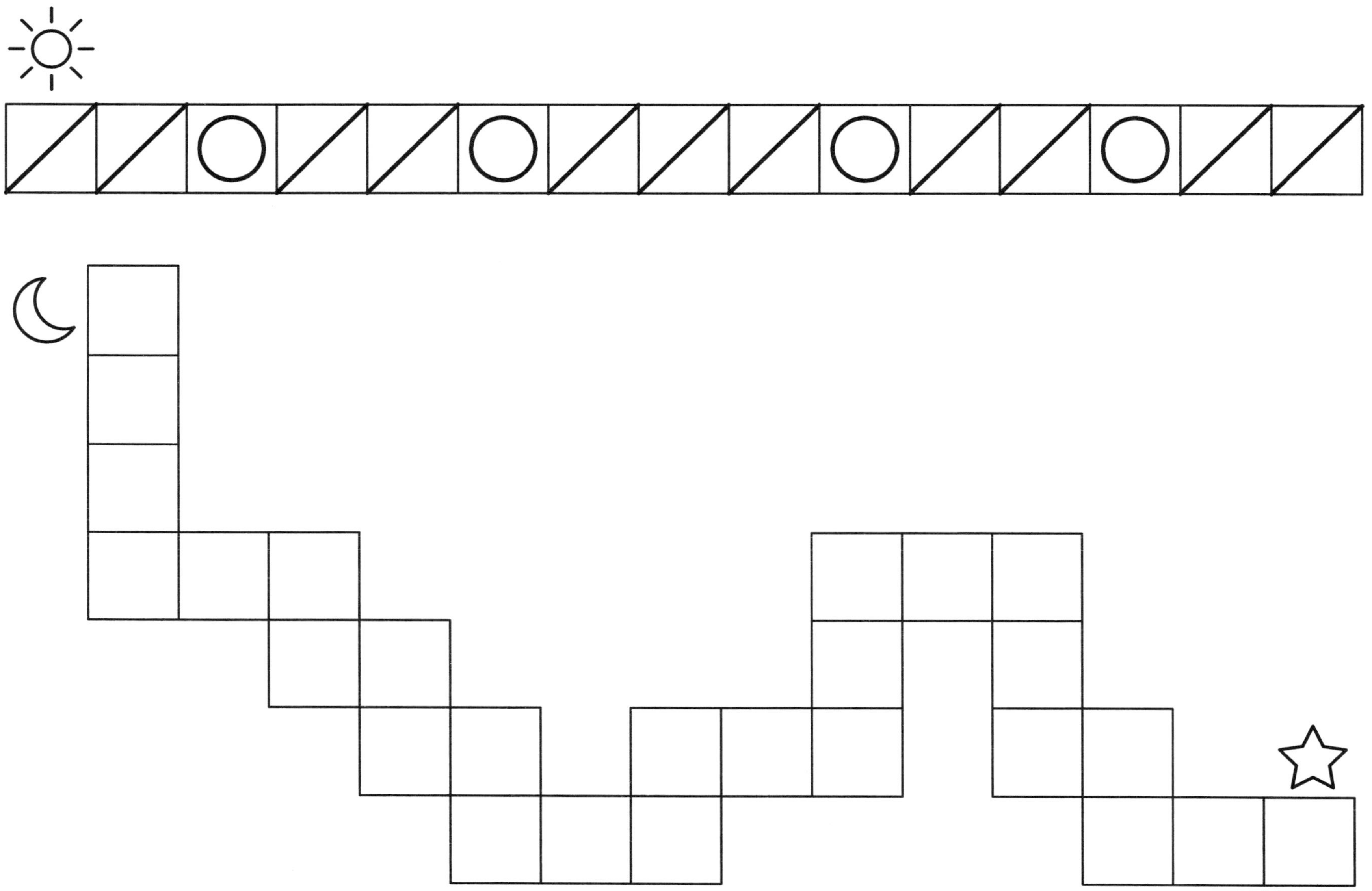

2025 年度　聖心女子学院　過去　無断複製／転載を禁ずる　日本学習図書株式会社

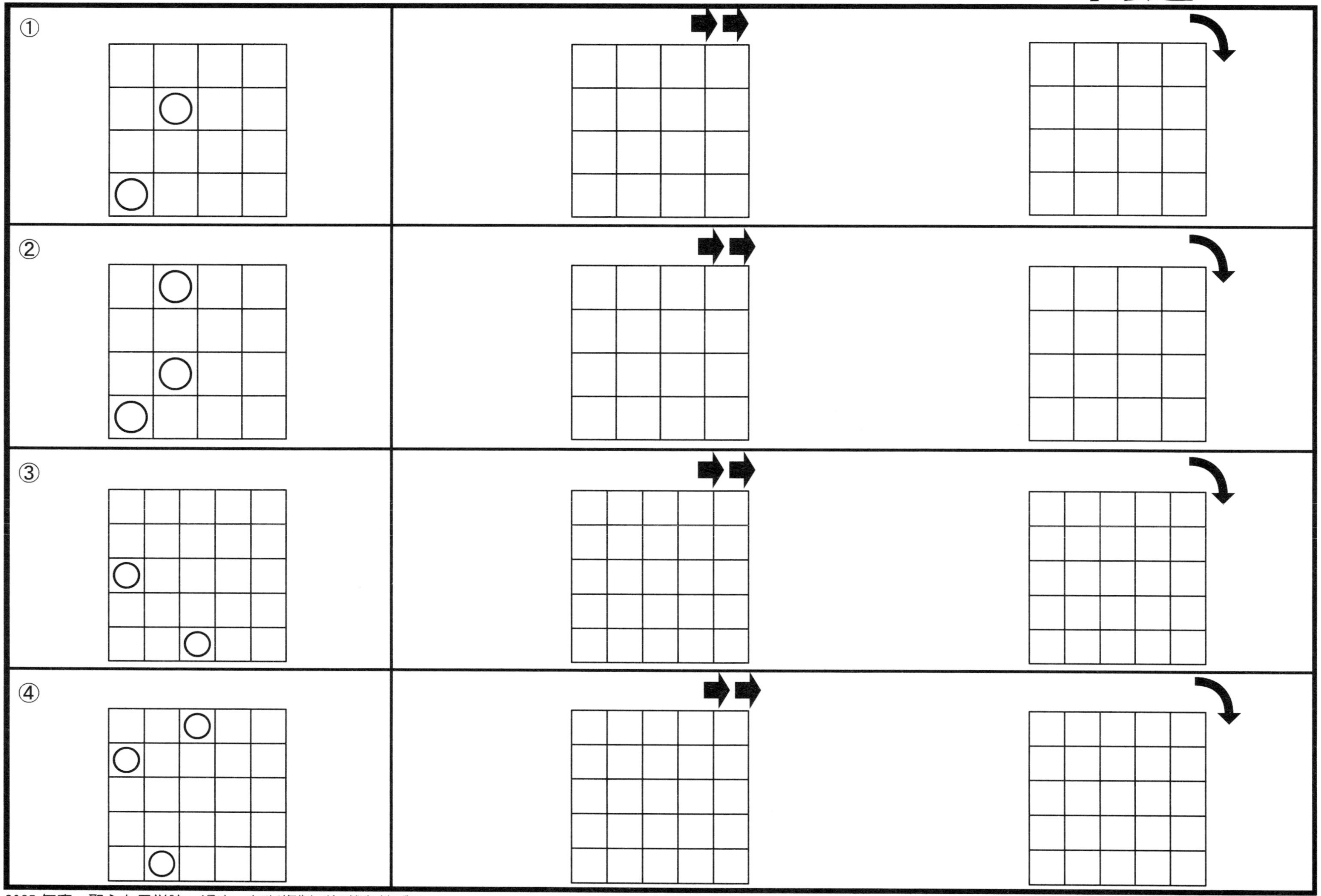

2025年度　聖心女子学院　過去　無断複製／転載を禁ずる　日本学習図書株式会社

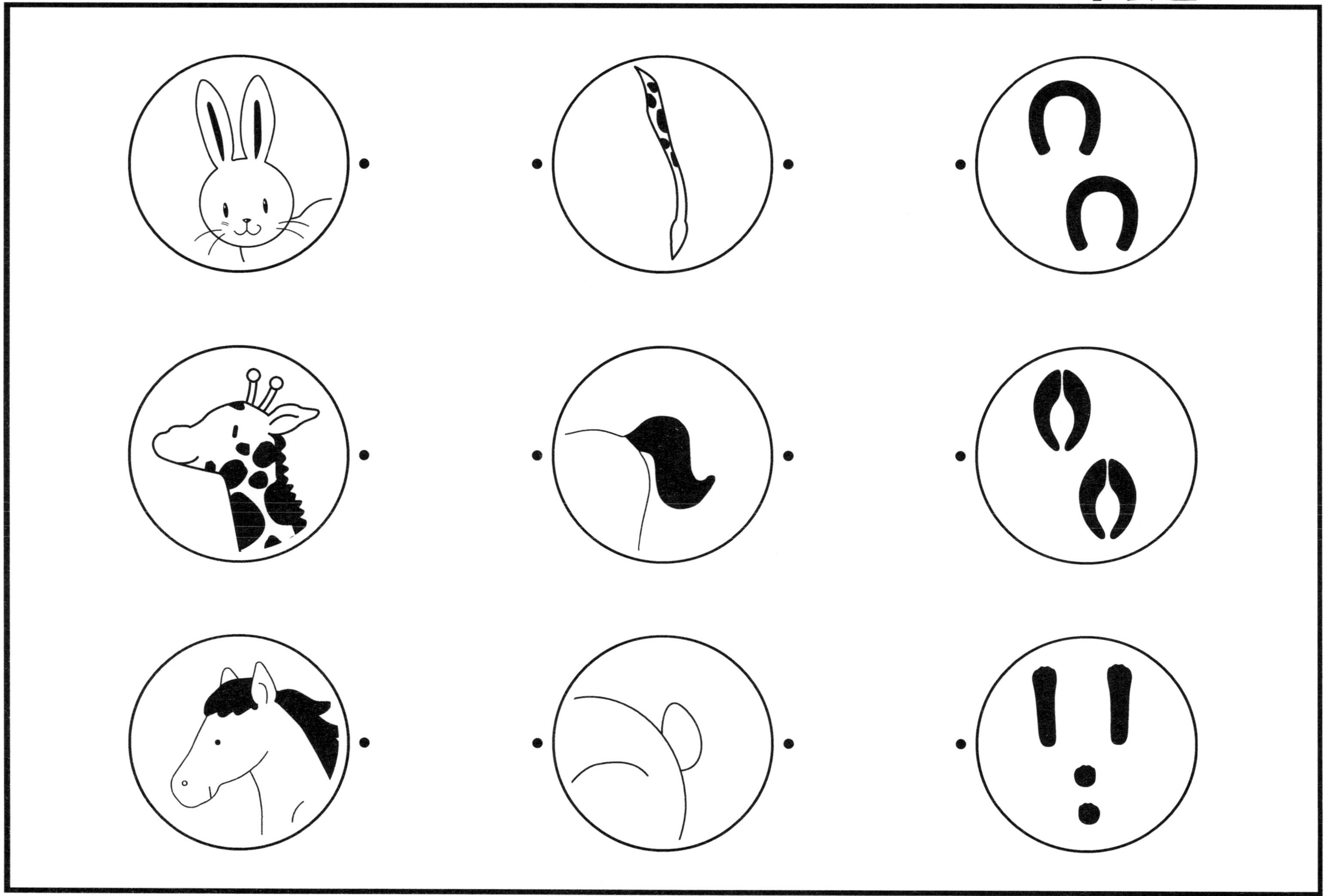

2025 年度　聖心女子学院　過去　無断複製／転載を禁ずる　　日本学習図書株式会社

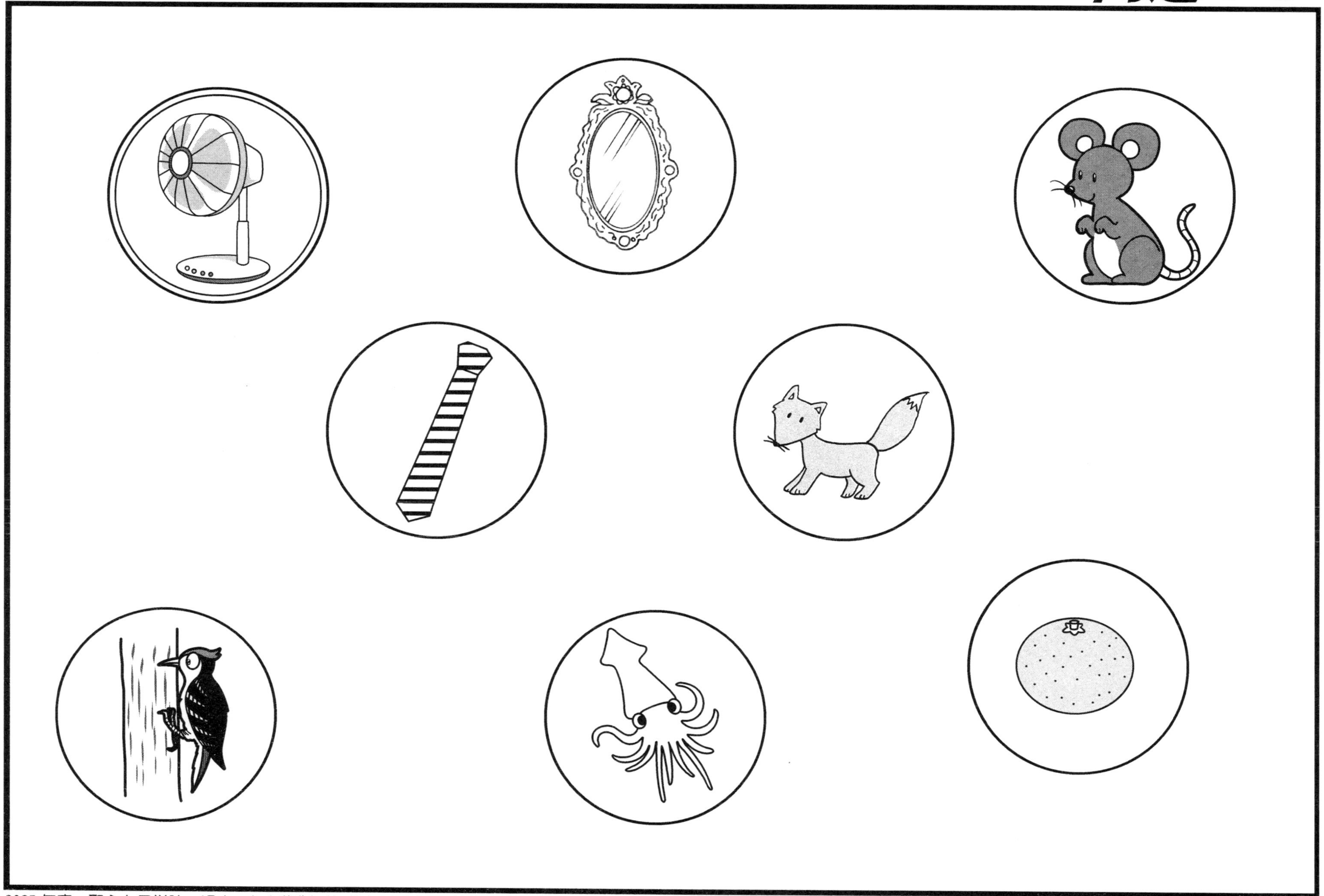

2025 年度　聖心女子学院　過去　無断複製／転載を禁ずる　　日本学習図書株式会社

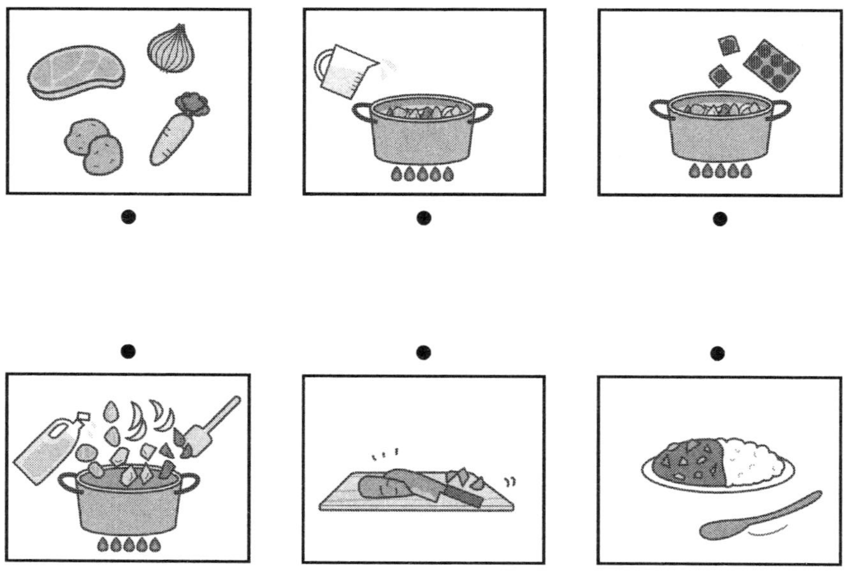

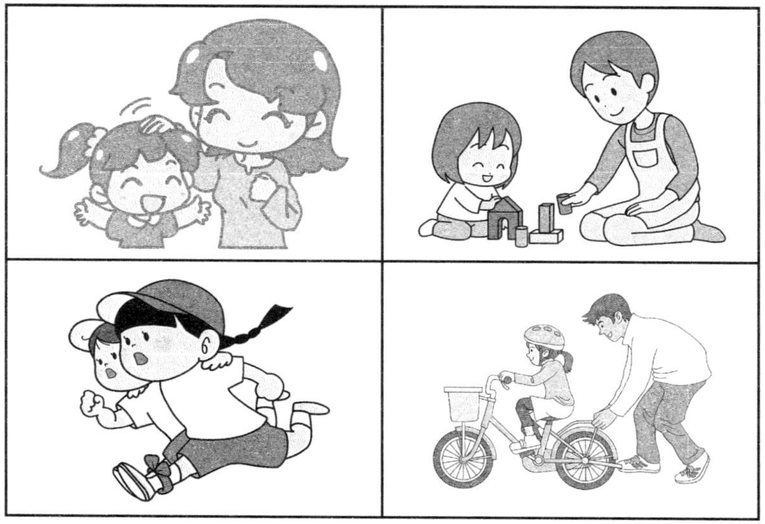

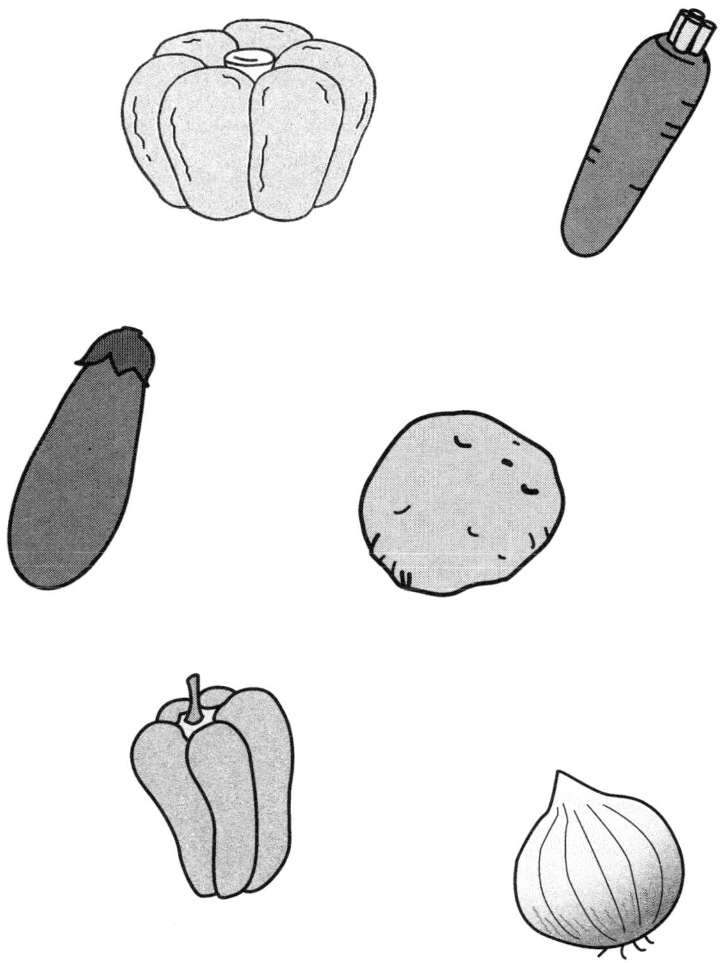

問題２４

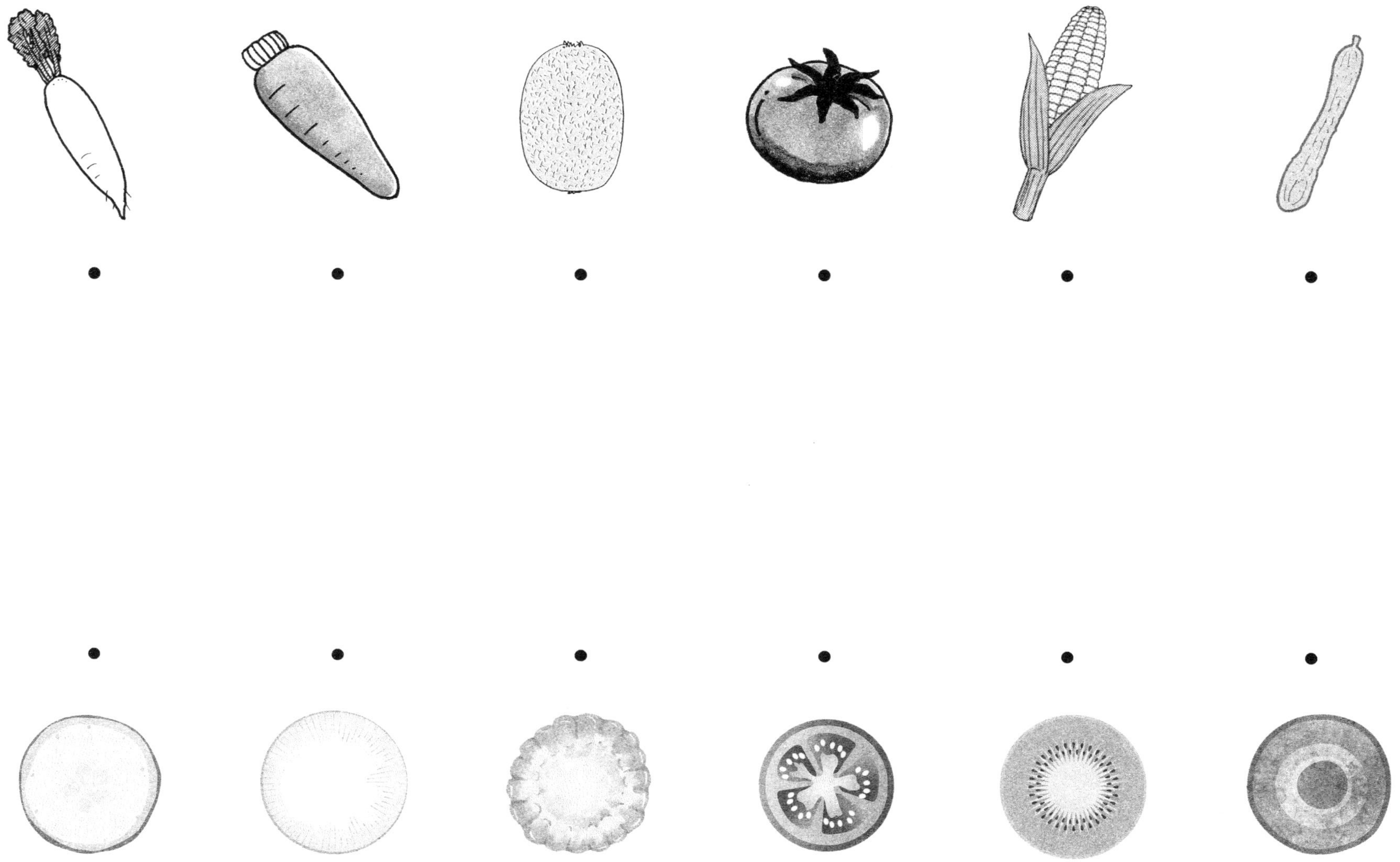

2025年度　聖心女子学院　過去　無断複製／転載を禁ずる

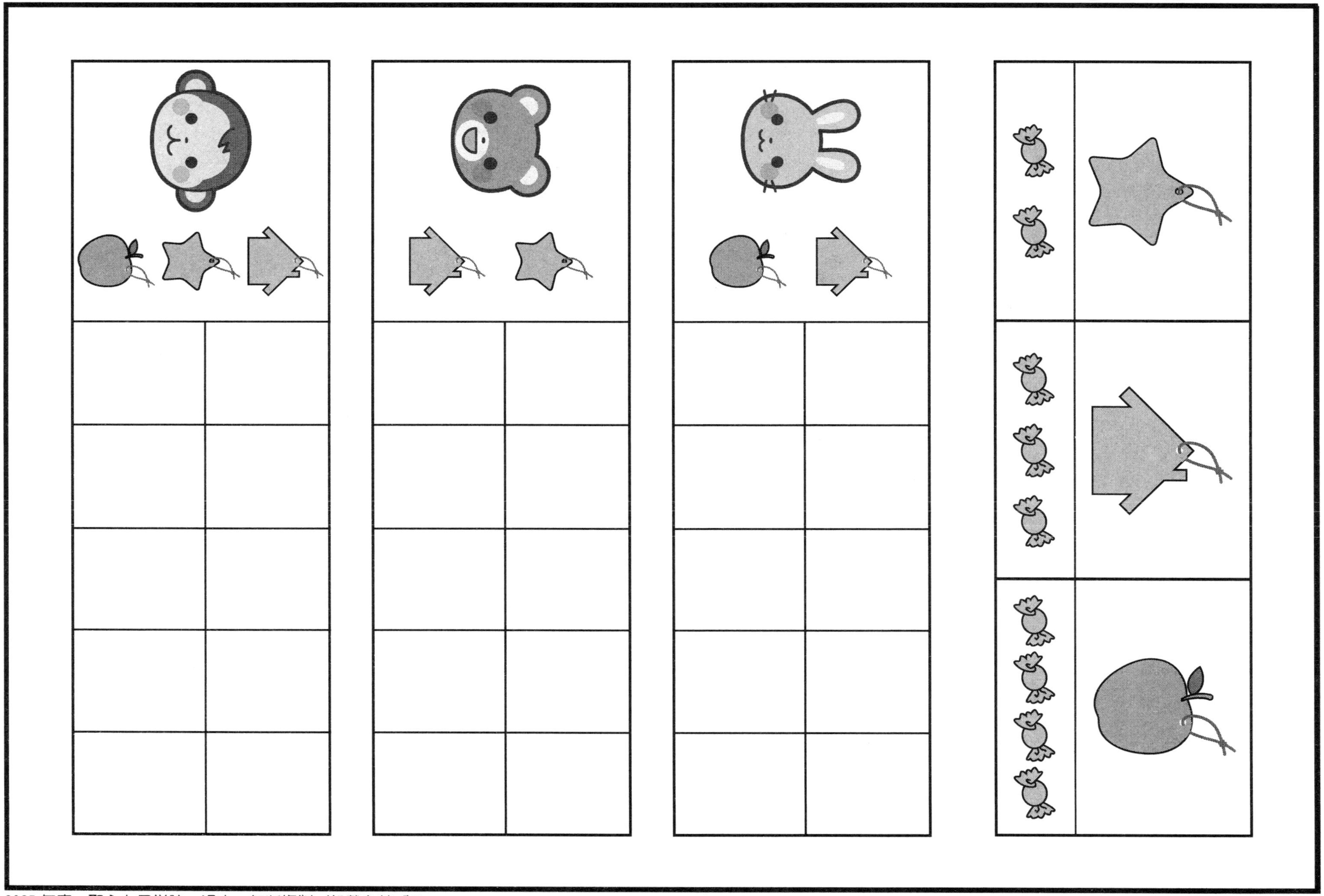

問題２６

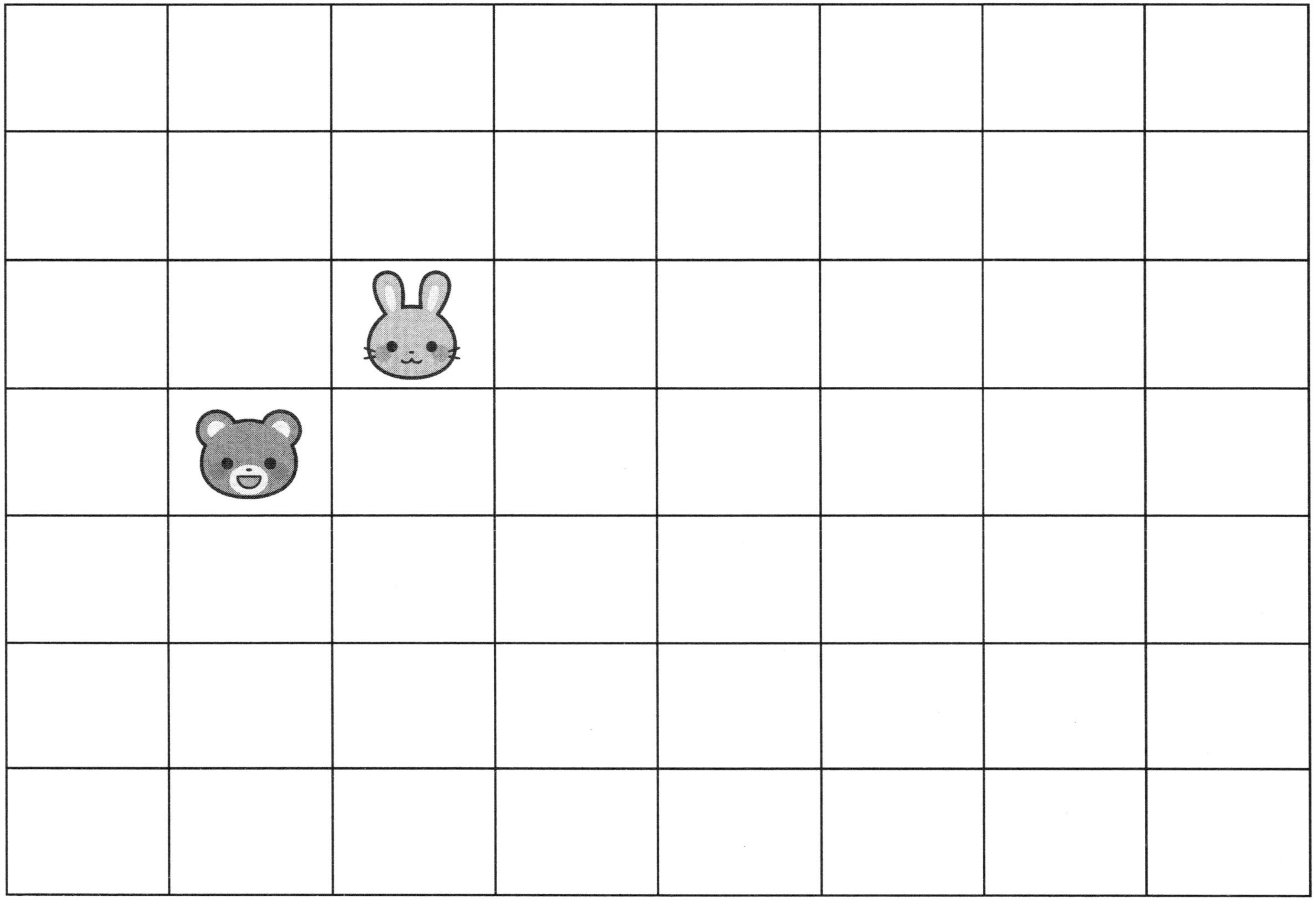

問題27

問題２８

①

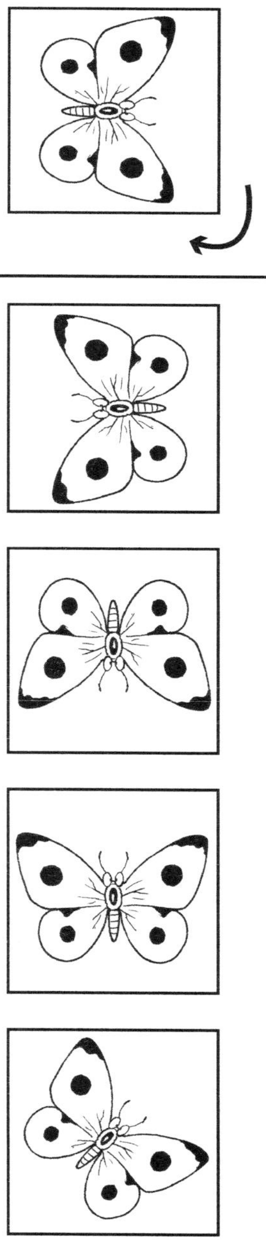

②

③

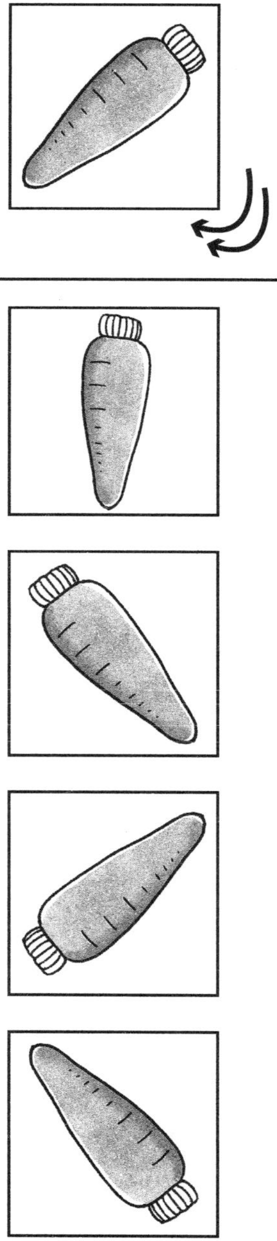

④

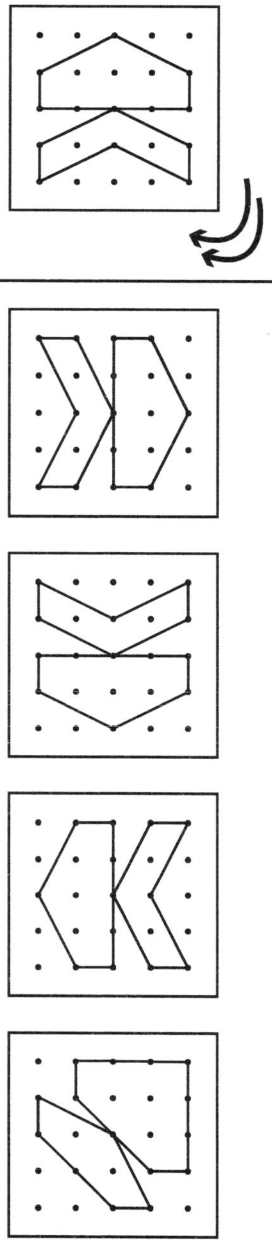

問題２９

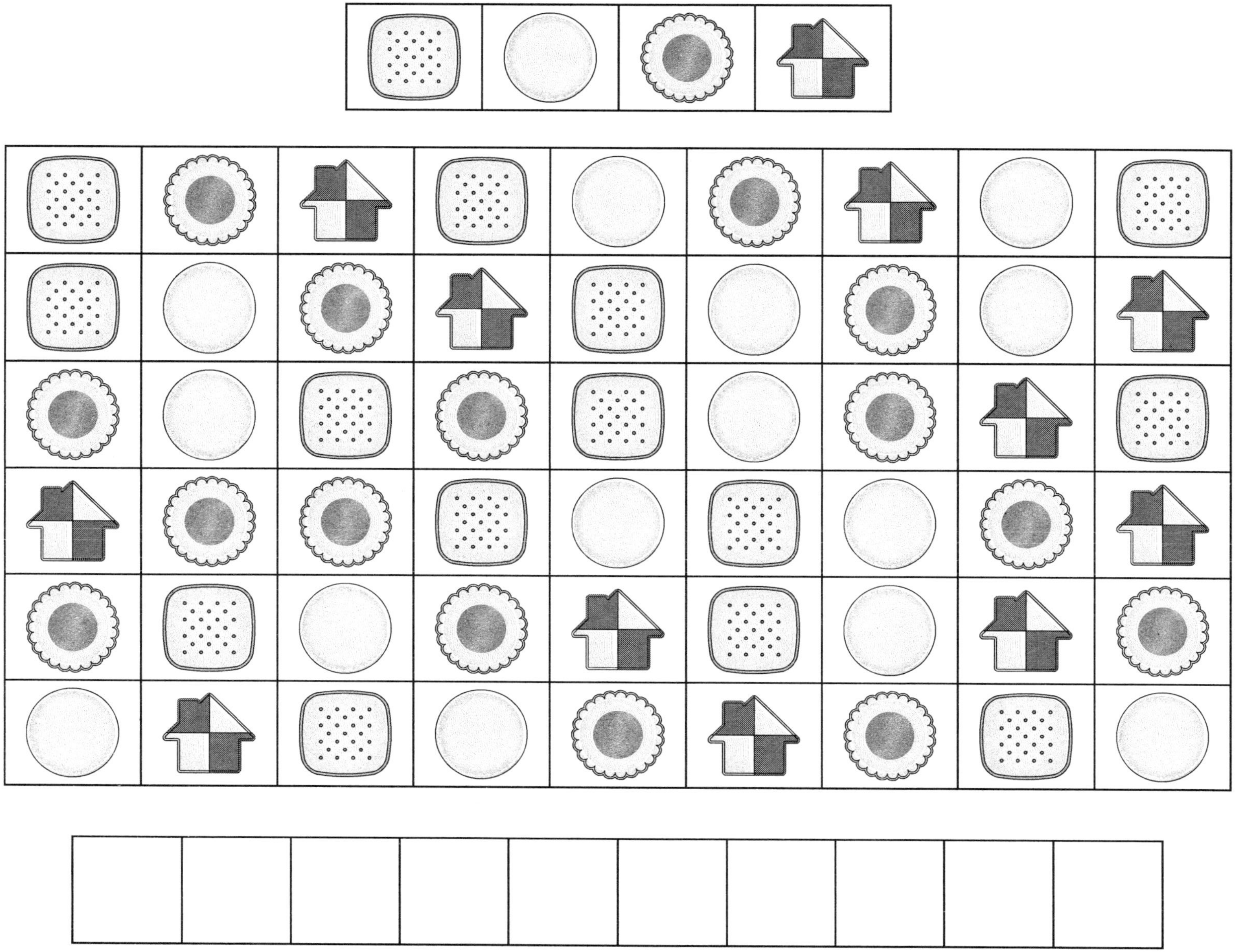

問題３０

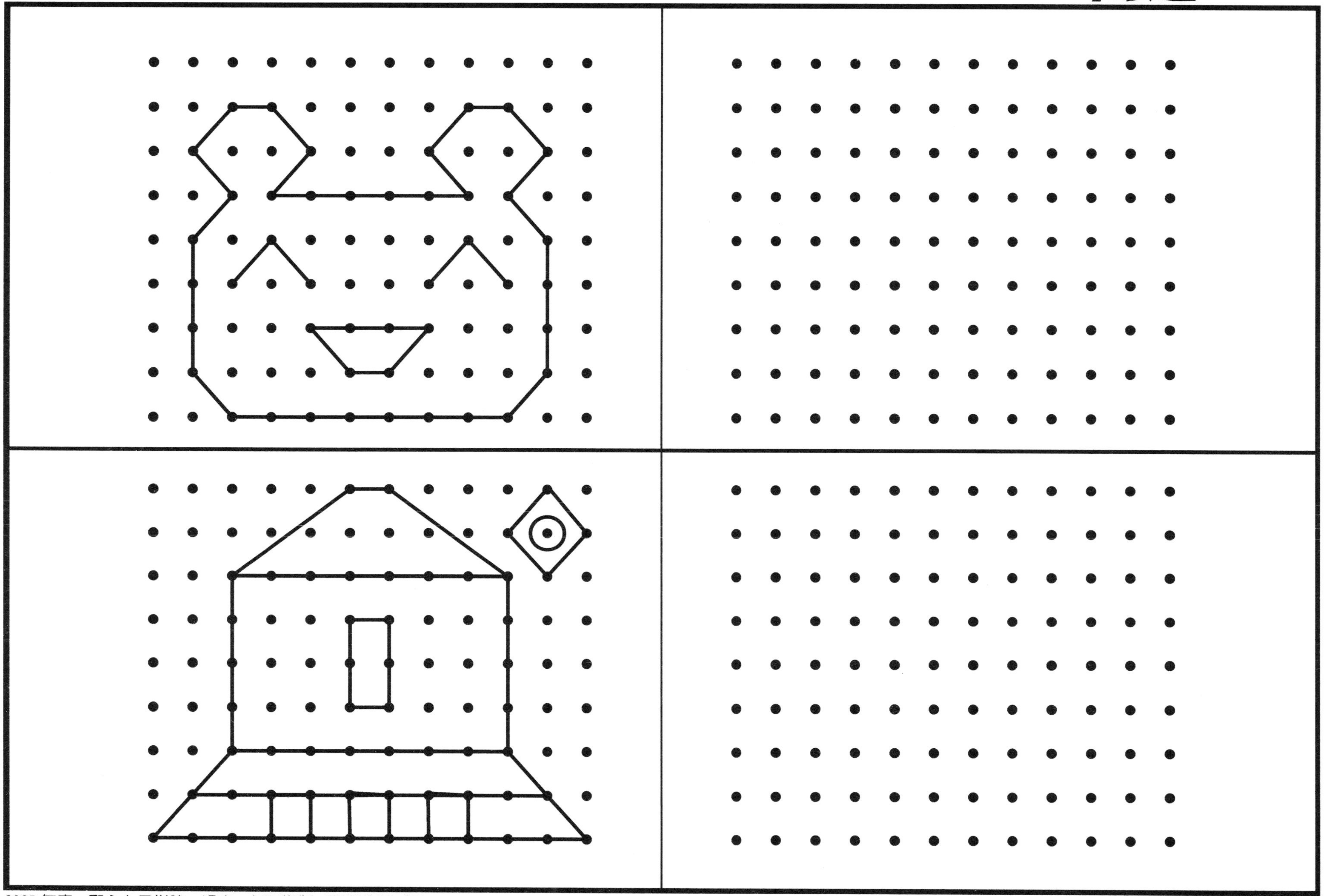

問題３２

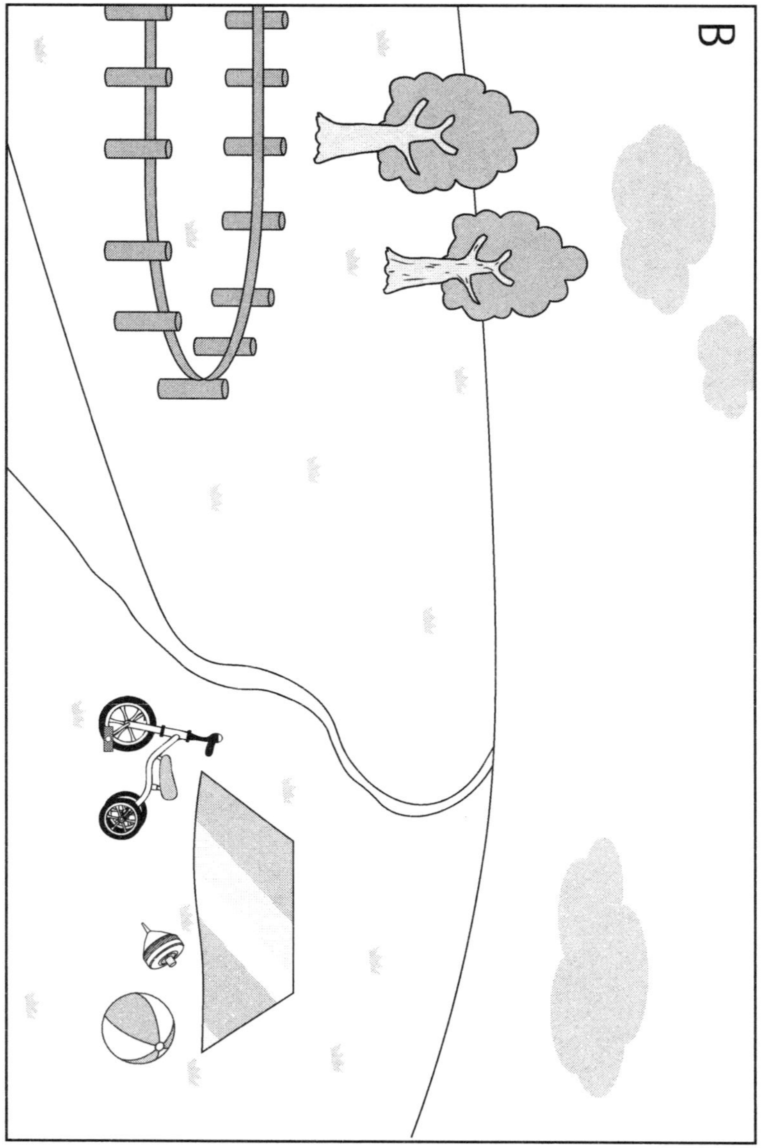

問題３４－１

①

②

2025 年度　聖心女子学院　過去　無断複製／転載を禁ずる　　日本学習図書株式会社

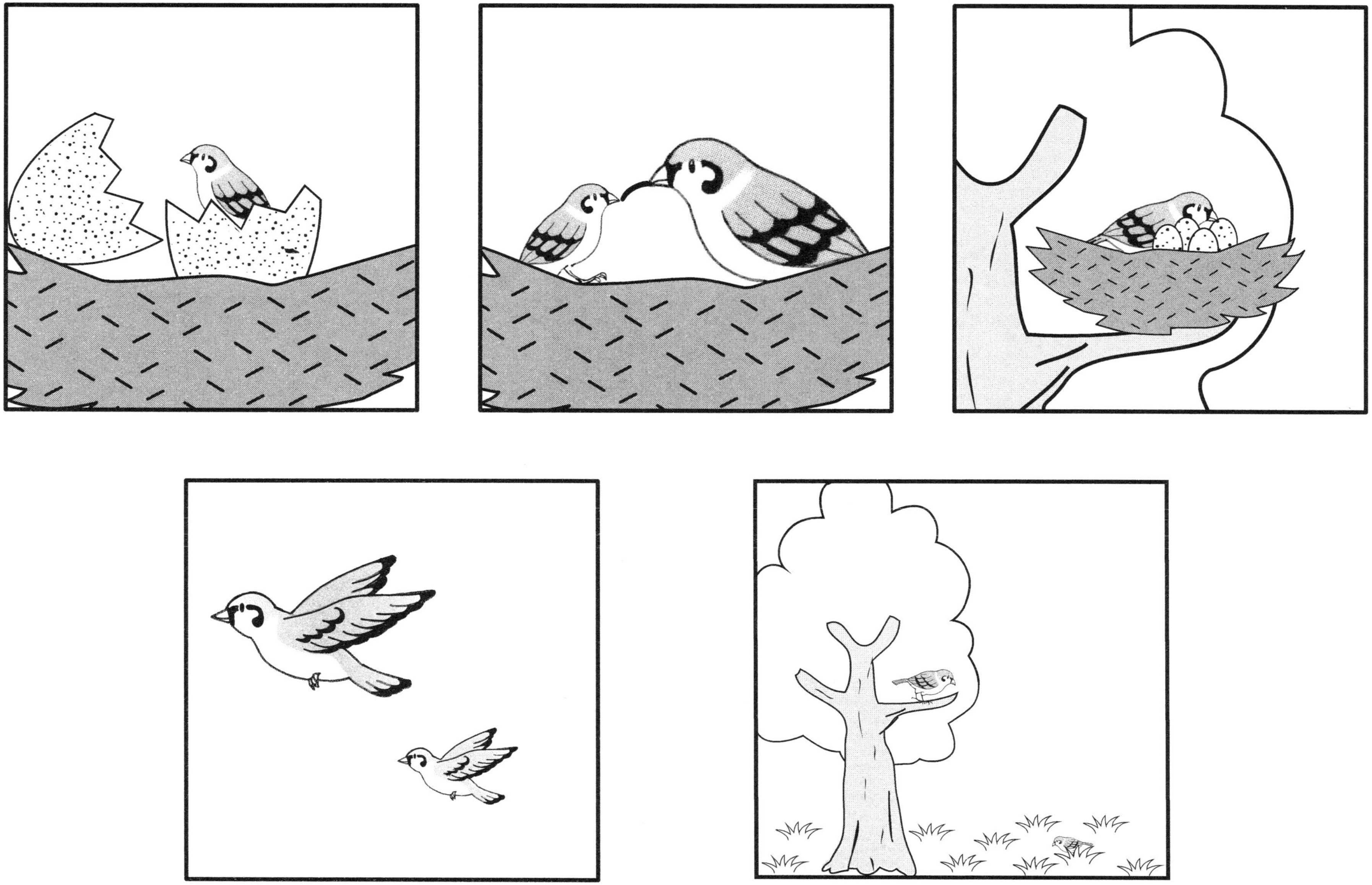

④

日本学習図書株式会社

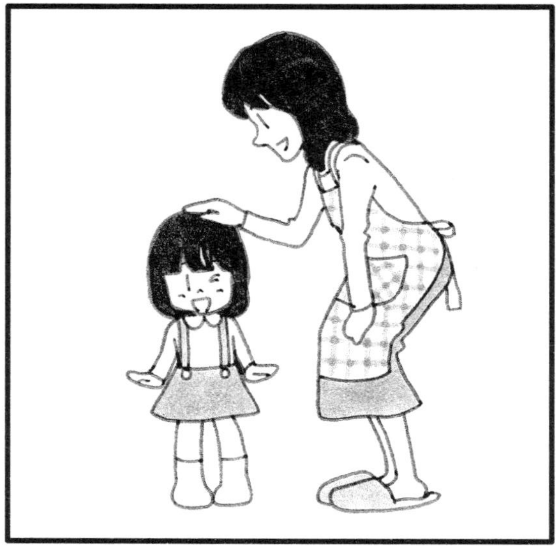

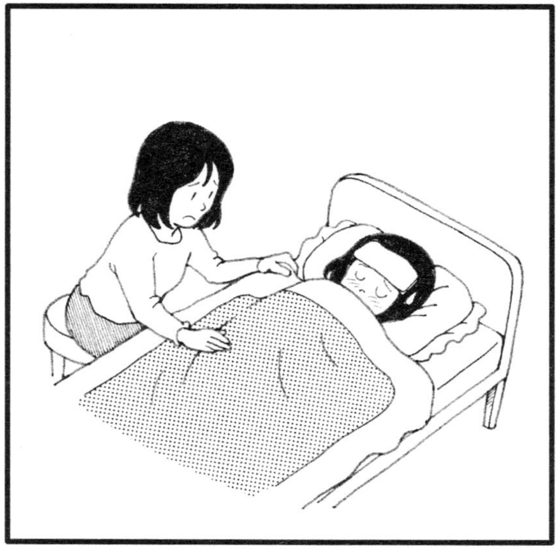

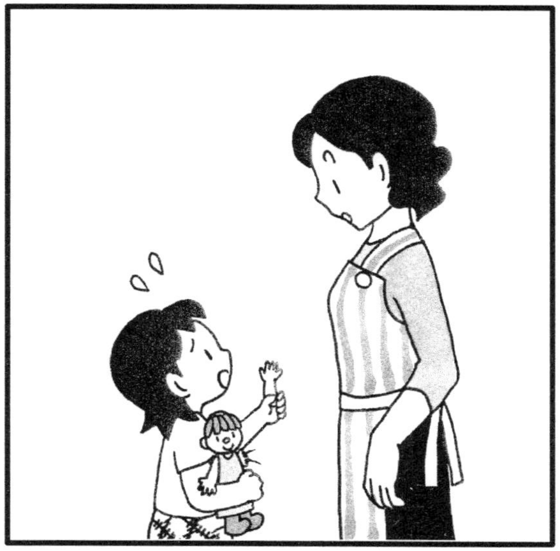

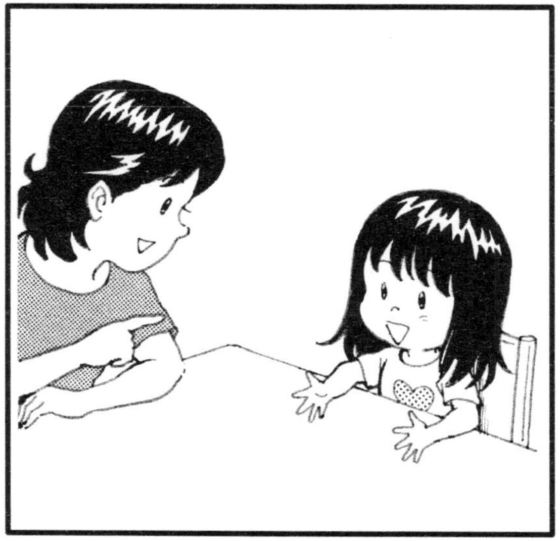

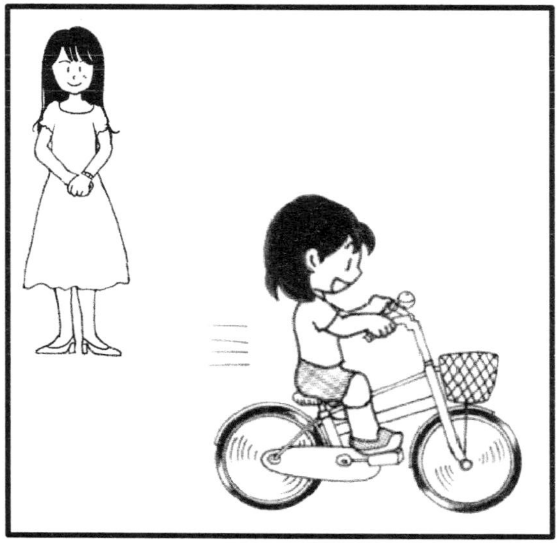

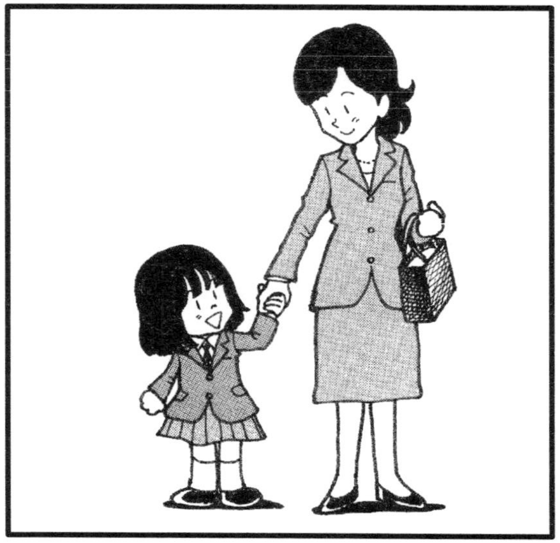

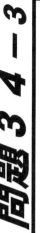

問題３５

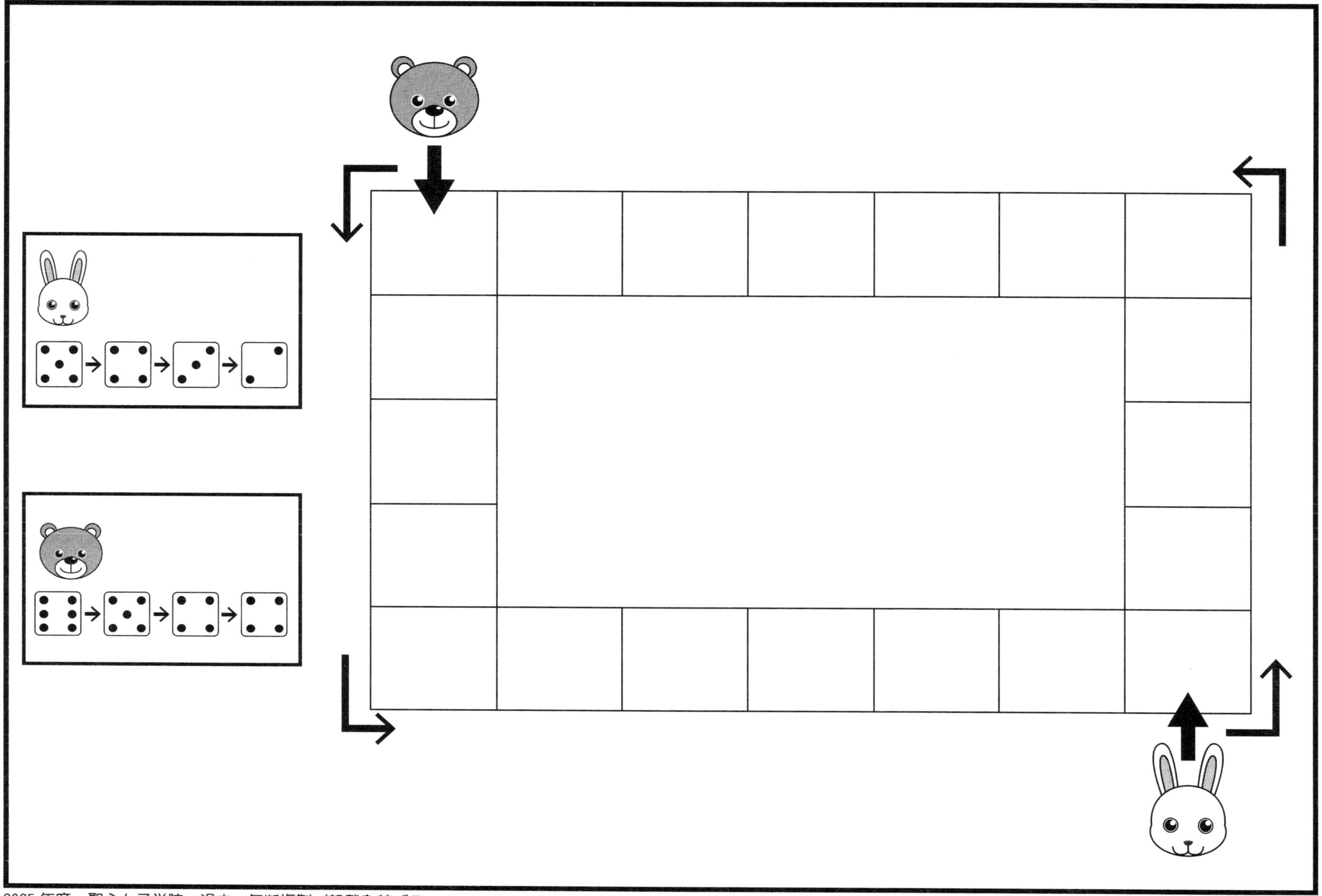

問題３６

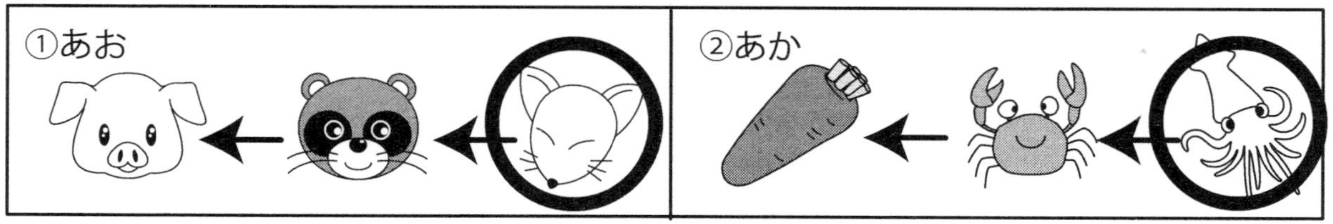

①

②

問題３７

問題３８

①

②

問題３９

①

②

問題４０

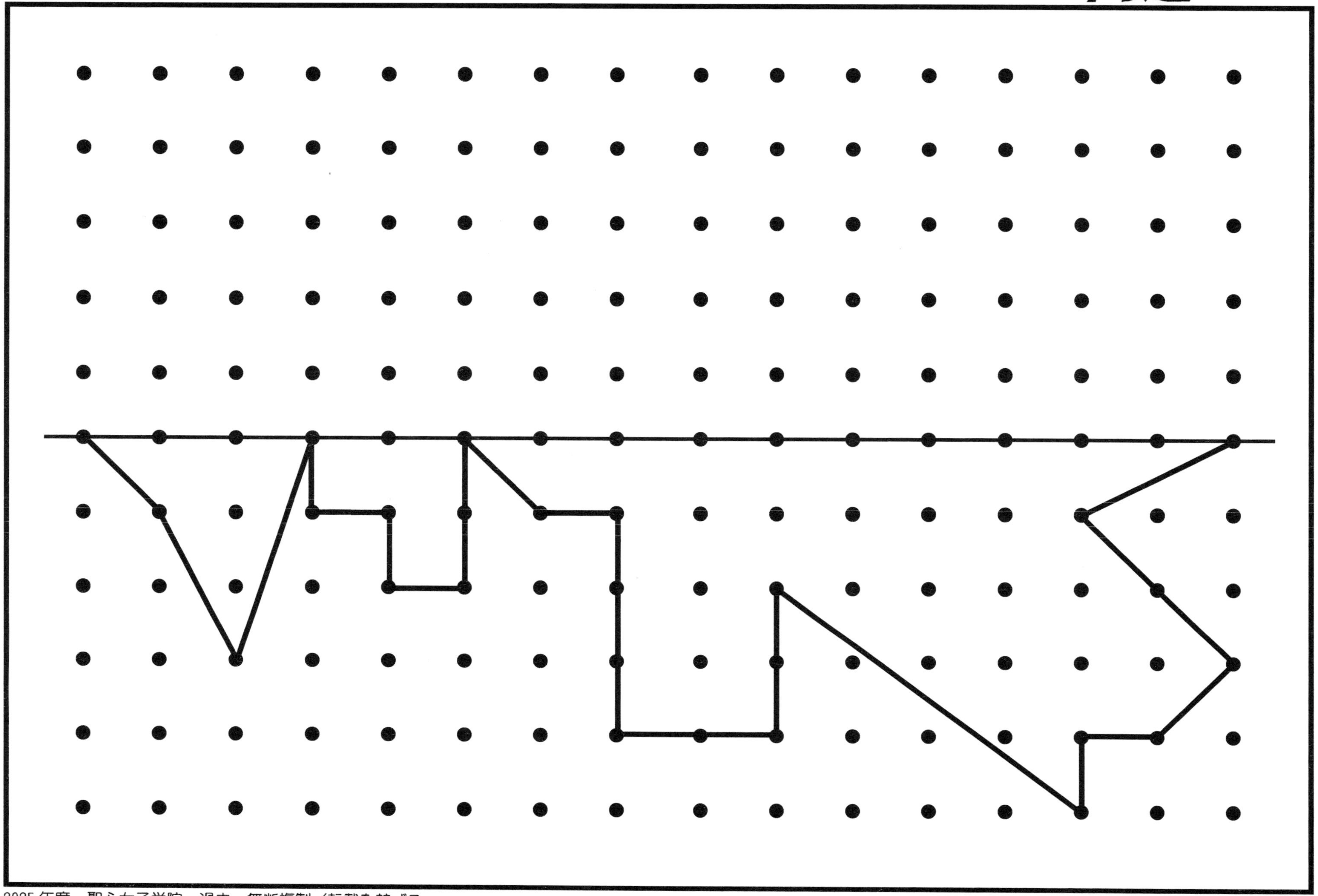

問題41

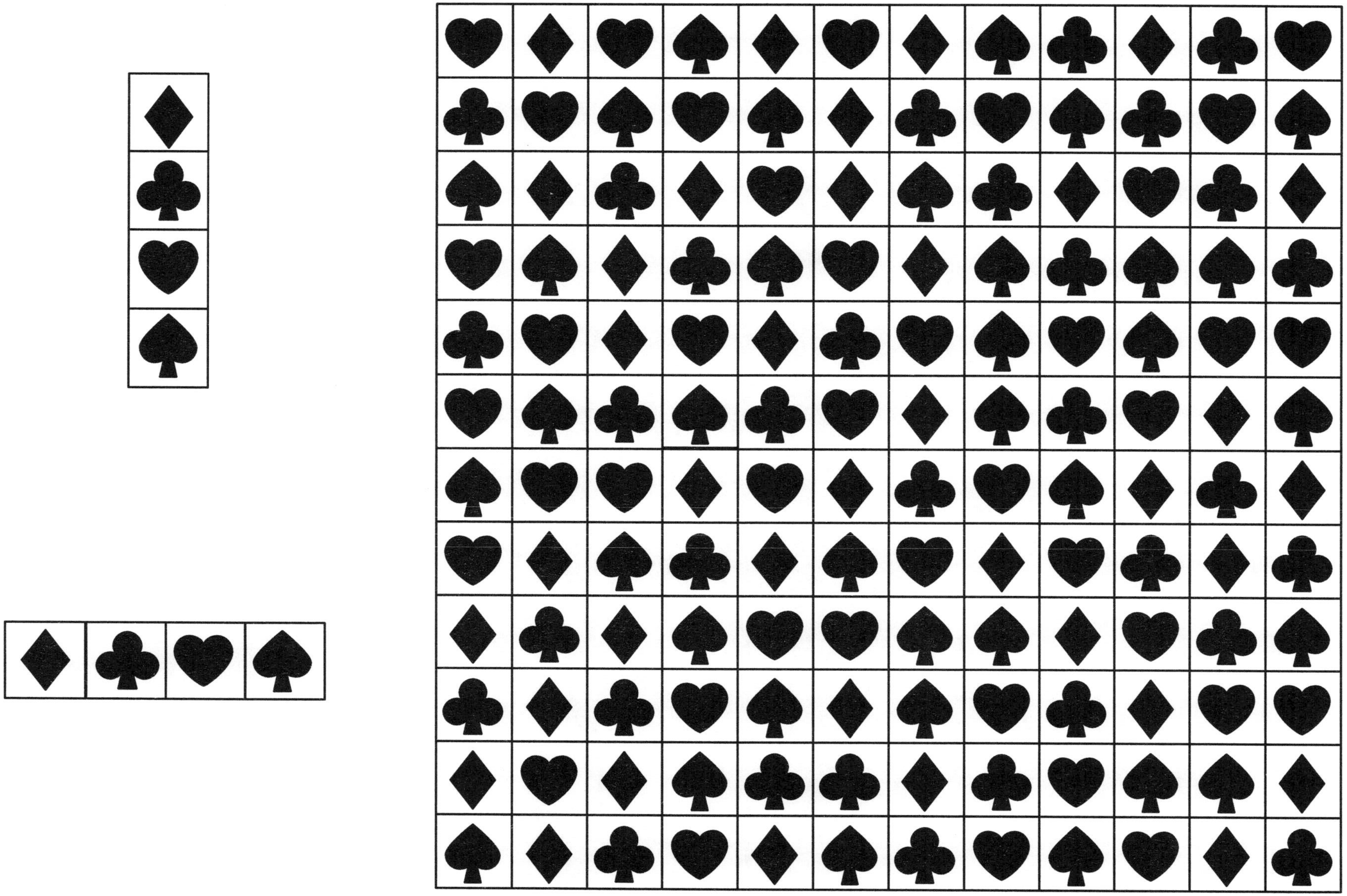

問題42

2025 年度　聖心女子学院　過去　無断複製／転載を禁ずる　　　　　　　日本学習図書株式会社

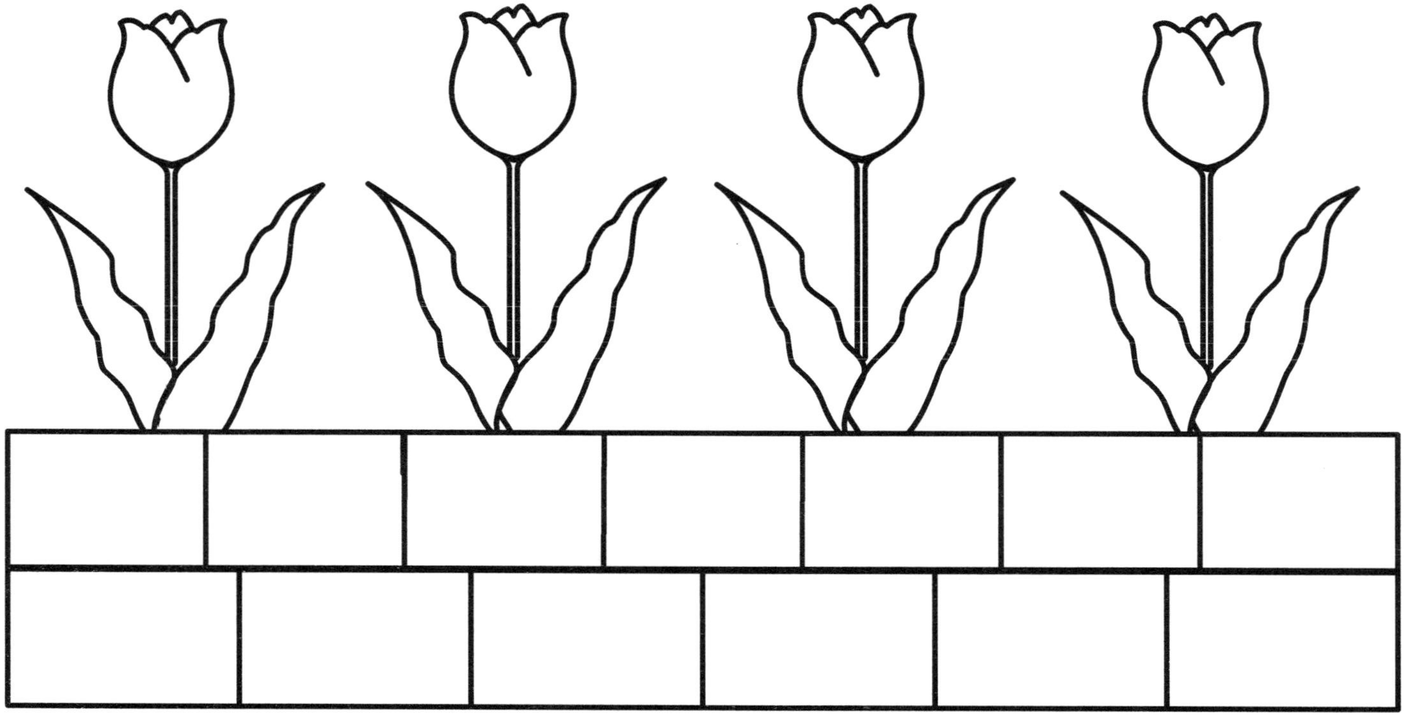

問題４３－２

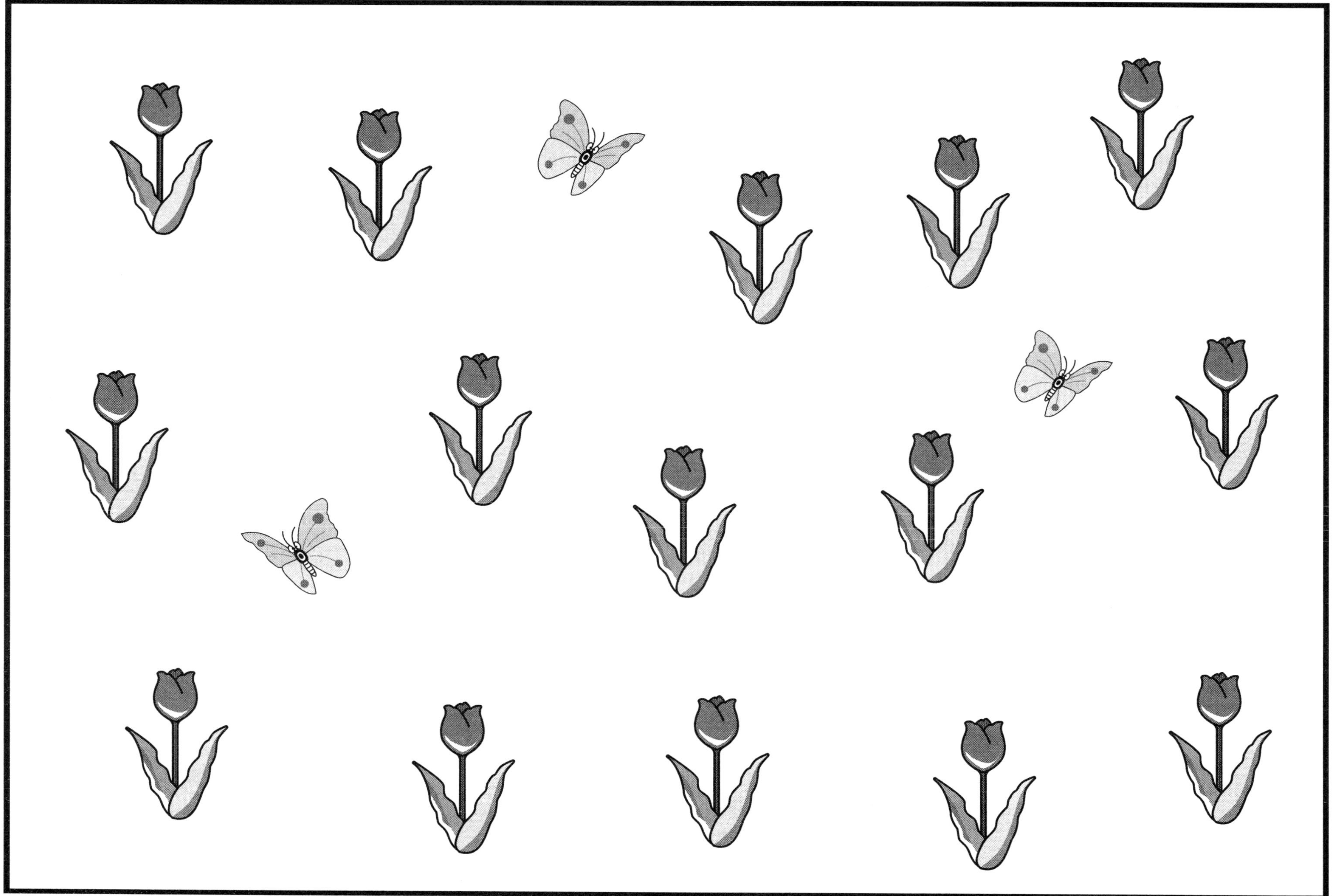

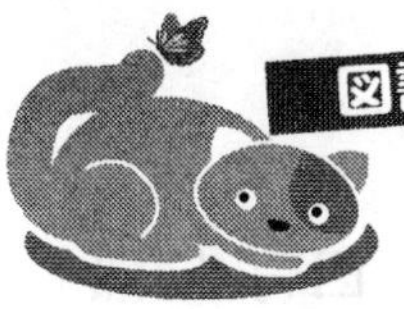

図書カード 1000 円分プレゼント

ご記入日　　年　月　日

☆国・私立小学校受験アンケート☆

※可能な範囲でご記入下さい。選択肢は○で囲んで下さい。

〈小学校名〉＿＿＿＿＿＿＿＿　〈お子さまの性別〉男・女　〈誕生月〉＿＿月

〈その他の受験校〉（複数回答可）＿＿＿＿＿＿＿＿

〈受験日〉①：＿＿月＿＿日　〈時間〉＿＿時＿＿分　～　＿＿時＿＿分

②：＿＿月＿＿日　〈時間〉＿＿時＿＿分　～　＿＿時＿＿分

〈受験者数〉男女計＿＿名（男子＿＿名　女子＿＿名）

〈お子さまの服装〉＿＿＿＿＿＿＿＿

〈入試全体の流れ〉（記入例）準備体操→行動観察→ペーパーテスト

＿＿＿＿＿＿＿＿

Eメールによる情報提供

日本学習図書では、Eメールでも入試情報を募集しております。

下記のアドレスに、アンケートの内容をご入力の上、メールをお送り下さい。

ojuken@nichigaku.jp

●行動観察（例）好きなおもちゃで遊ぶ・グループで協力するゲームなど

〈実施日〉＿＿月＿＿日　〈時間〉＿＿時＿＿分　～　＿＿時＿＿分　〈着替え〉□有　□無

〈出題方法〉□肉声　□録音　□その他（　　　）　〈お手本〉□有　□無

〈試験形態〉□個別　□集団（　　人程度）

〈会場図〉

〈内容〉

□自由遊び

＿＿＿＿＿＿＿＿

□グループ活動

＿＿＿＿＿＿＿＿

□その他

＿＿＿＿＿＿＿＿

●運動テスト（有・無）（例）跳び箱・チームでの競争など

〈実施日〉＿＿月＿＿日　〈時間〉＿＿時＿＿分　～　＿＿時＿＿分　〈着替え〉□有　□無

〈出題方法〉□肉声　□録音　□その他（　　　）　〈お手本〉□有　□無

〈試験形態〉□個別　□集団（　　人程度）

〈会場図〉

〈内容〉

□サーキット運動

□走り　□跳び箱　□平均台　□ゴム跳び

□マット運動　□ボール運動　□なわ跳び

□クマ歩き

□グループ活動＿＿＿＿＿＿＿＿

□その他＿＿＿＿＿＿＿＿

●知能テスト・口頭試問

〈実施日〉＿＿月＿＿日〈時間〉＿＿時＿＿分 ～ ＿＿時＿＿分〈お手本〉□有 □無

〈出題方法〉 □肉声 □録音 □その他（　　　　　）〈問題数〉＿＿枚＿＿問

分野	方法	内　　容	詳 細・イ ラ ス ト
（例） お話の記憶	☑筆記 □口頭	動物たちが待ち合わせをする話	（あらすじ） 動物たちが待ち合わせをした。最初にウサギさんが来た。次にイヌくんが、その次にネコさんが来た。最後にタヌキくんが来た。 （問題・イラスト） ３番目に来た動物は誰か 
お話の記憶	□筆記 □口頭		（あらすじ） （問題・イラスト）
図形	□筆記 □口頭		
言語	□筆記 □口頭		
常識	□筆記 □口頭		
数量	□筆記 □口頭		
推理	□筆記 □口頭		
その他	□筆記 □口頭		

●制作　（例）ぬり絵・お絵かき・工作遊びなど

〈実施日〉＿＿月＿＿日　〈時間〉＿＿時＿＿分　～　＿＿時＿＿分

〈出題方法〉　□肉声　□録音　□その他（　　　　　　）　〈お手本〉□有　□無

〈試験形態〉　□個別　□集団（　　　　人程度）

材料・道具	制作内容
□ハサミ □のり（□つぼ　□液体　□スティック） □セロハンテープ □鉛筆　□クレヨン（　色） □クーピーペン（　色） □サインペン（　色）□ □画用紙（□ A4　□ B4　□ A3 □その他：　　　　　　） □折り紙　□新聞紙　□粘土 □その他（　　　　　　）	□切る　□貼る　□塗る　□ちぎる　□結ぶ　□描く　□その他（　　　　　　） タイトル：＿＿＿＿＿＿＿＿＿＿

●面接

〈実施日〉＿＿月＿＿日　〈時間〉＿＿時＿＿分　～　＿＿時＿＿分　〈面接担当者〉＿＿＿名

〈試験形態〉□志願者のみ（　　）名　□保護者のみ　□親子同時　□親子別々

〈質問内容〉

※試験会場の様子をご記入下さい。

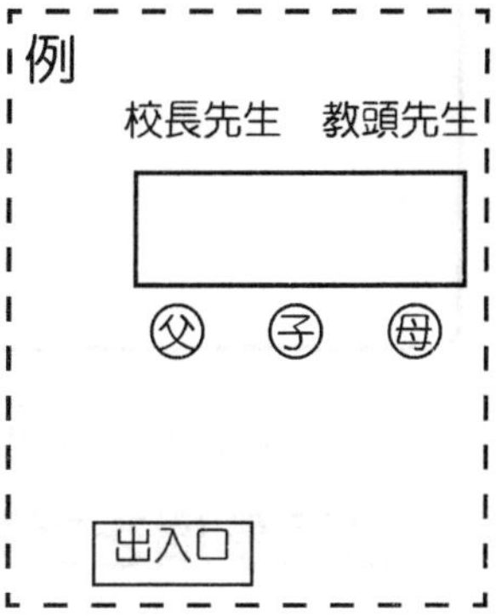

□志望動機　□お子さまの様子

□家庭の教育方針

□志望校についての知識・理解

□その他（　　　　　　　　　　）

（　詳　細　）

・

・

・

・

●保護者作文・アンケートの提出（有・無）

〈提出日〉　□面接直前　□出願時　□志願者考査中　□その他（　　　　　　　　）

〈下書き〉　□有　□無

〈アンケート内容〉

（記入例）当校を志望した理由はなんですか（150字）

●**説明会**（□有　□無）〈開催日〉　　月　　日〈時間〉　　時　　分　～　　時　　分

〈上履き〉　□要　□不要　〈願書配布〉　□有　□無　〈校舎見学〉　□有　□無

〈ご感想〉

●**参加された学校行事**（複数回答可）

公開授業〈開催日〉　　月　　日〈時間〉　　時　　分　～　　時　　分

運動会など〈開催日〉　　月　　日〈時間〉　　時　　分　～　　時　　分

学習発表会・音楽会など〈開催日〉　　月　　日〈時間〉　　時　　分　～　　時　　分

〈ご感想〉

※是非参加したほうがよいと感じた行事について

●**受験を終えてのご感想、今後受験される方へのアドバイス**

※対策学習（重点的に学習しておいた方がよい分野）、当日準備しておいたほうがよい物など

＊＊＊＊＊＊＊＊＊＊＊＊＊　ご記入ありがとうございました　＊＊＊＊＊＊＊＊＊＊＊＊＊

必要事項をご記入の上、ポストにご投函ください。

なお、本アンケートの送付期限は入試終了後３ヶ月とさせていただきます。また、入試に関する情報の記入量が当社の基準に満たない場合、謝礼の送付ができないことがございます。あらかじめご了承ください。

ご住所：〒

お名前：　　　　　　　　　メール：

ＴＥＬ：　　　　　　　　　ＦＡＸ：

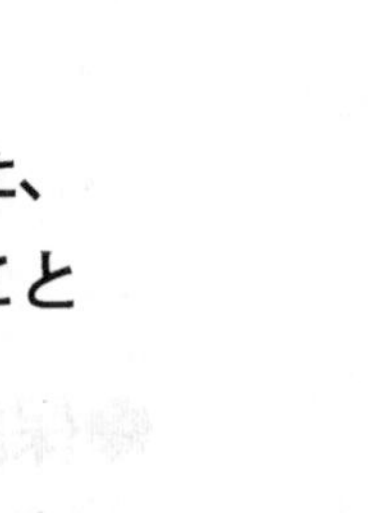
アンケートのご記入
ありがとうございました

ご記入頂いた個人に関する情報は、当社にて厳重に管理致します。弊社の個人情報取り扱いに関する詳細は、www.nichigaku.jp/policy.php の「個人情報の取り扱い」をご覧下さい。

分野別 小学入試練習帳 ジュニアウォッチャー

1．点・線図形	小学校入試で出題頻度の高い『点・線図形』の模写を、難易度の低いものから段階別に幅広く練習することができるように構成。
2．座標	図形の位置模写という作業を、難易度の低いものから段階別に練習できるように構成。
3．パズル	様々なパズルの問題を難易度の低いものから段階別に練習できるように構成。
4．同図形探し	小学校入試で出題頻度の高い、同図形選びの問題を繰り返し練習できるように構成。
5．回転・展開	図形などを回転、または展開したとき、形がどのように変化するかを学習し、理解を深められるように構成。
6．系列	数、図形などの様々な系列問題を、難易度の低いものから段階別に練習できるように構成。
7．迷路	迷路の問題を繰り返し練習できるように構成。
8．対称	対称に関する問題を４つのテーマに分類し、各テーマごとに問題を段階別に練習できるように構成。
9．合成	図形の合成に関する問題を、難易度の低いものから段階別に練習できるように構成。
10．四方からの観察	もの（立体）を様々な角度から見て、どのように見えるかを推理する問題を段階別に整理し、１つの形式で複数の問題を練習できるように構成。
11．いろいろな仲間	ものや動物、植物の共通点を見つけ、分類していく問題を中心に構成。
12．日常生活	日常生活における様々な問題を６つのテーマに分類し、各テーマごとに一つの問題形式で複数の問題を練習できるように構成。
13．時間の流れ	『時間』に着目し、様々なものごとは、時間が経過するとどのように変化するのかということを学習し、理解できるように構成。
14．数える	様々なものを『数える』ことから、数の多少の判定やかけ算、わり算の基礎までを練習できるように構成。
15．比較	比較に関する問題を５つのテーマ（数、高さ、長さ、量、重さ）に分類し、各テーマごとに問題を段階別に練習できるように構成。
16．積み木	数える対象を積み木に限定した問題集。
17．言葉の音遊び	言葉の音に関する問題を５つのテーマに分類し、各テーマごとに問題を段階別に練習できるように構成。
18．いろいろな言葉	表現力をより豊かにするいろいろな言葉として、擬態語や擬声語、同音異義語、反意語、数詞を取り上げた問題集。
19．お話の記憶	お話を聴いてその内容を記憶、理解し、設問に答える形式の問題集。
20．見る記憶・聴く記憶	「見て憶える」「聴いて憶える」という『記憶』分野に特化した問題集。
21．お話作り	いくつかの絵を元にしてお話を作る練習をして、想像力を養うことができるように構成。
22．想像画	描かれてある形や景色に好きな絵を描くことにより、想像力を養うことができるように構成。
23．切る・貼る・塗る	小学校入試で出題頻度の高い、はさみやのりなどを用いた巧緻性の問題を繰り返し練習できるように構成。
24・絵画	小学校入試で出題頻度の高い、お絵かきやぬり絵などクレヨンやクーピーペンを用いた巧緻性の問題を繰り返し練習できるように構成。
25．生活巧緻性	小学校入試で出題頻度の高い日常生活の様々な場面における巧緻性の問題集。
26．文字・数字	ひらがなの清音、濁音、拗音、拗長音、促音と１～20までの数字に焦点を絞り、練習できるように構成。
27．理科	小学校入試で出題頻度が高くなりつつある理科の問題を集めた問題集。
28．運動	出題頻度の高い運動問題を種目別に分けて構成。
29．行動観察	項目ごとに問題提起をし、「このような時はどうか、あるいはどう対処するのか」の観点から問いかける形式の問題集。
30．生活習慣	学校から家庭に提起された問題と思って、一問一問絵を見ながら話し合い、考える形式の問題集。

31．推理思考	数、量、言語、常識（含理科、一般）など、諸々のジャンルから問題を構成し、近年の小学校入試問題傾向に沿って構成。
32．ブラックボックス	箱や筒の中を通ると、どのようなお約束でどのように変化するかを推理・思考する問題集。
33．シーソー	重さの違うものをシーソーに乗せた時どちらに傾くのか、またどうすればシーソーは釣り合うのかを思考する基礎的な問題集。
34．季節	様々な行事や植物などを季節別に分類できるように知識をつける問題集。
35．重ね図形	小学校入試で頻繁に出題されている「図形を重ね合わせてできる形」についての問題を集めました。
36．同数発見	様々な物を数え「同じ数」を発見し、数の多少の判断や数の認識の基礎を学べるように構成した問題集。
37．選んで数える	数の学習の基本となる、いろいろなものの数を正しく数える学習を行う問題集。
38．たし算・ひき算1	数字を使わず、たし算とひき算の基礎を身につけるための問題集。
39．たし算・ひき算2	数字を使わず、たし算とひき算の基礎を身につけるための問題集。
40．数を分ける	数を等しく分ける問題です。等しく分けたときに余りが出るものもあります。
41．数の構成	ある数がどのような数で構成されているか学んでいきます。
42．一対多の対応	一対一の対応から、一対多の対応まで、かけ算の考え方の基礎学習を行います。
43．数のやりとり	あげたり、もらったり、数の変化をしっかりと学びます。
44．見えない数	指定された条件から数を導き出します。
45．図形分割	図形の分割に関する問題集。パズルや合成の分野にも通じる様々な問題を集めました。
46．回転図形	「回転図形」に関する問題集。やさしい問題から始め、いくつかの代表的なパターンから、段階を踏んで学習できるよう編集されています。
47．座標の移動	「マス目の指示通りに移動する問題」と「指示された数だけ移動する問題」を収録。
48．鏡図形	鏡で左右反転させた時の見え方を考えます。平面図形から立体図形、文字、絵まで。
49．しりとり	すべての学習の基礎となる「言葉」を学ぶこと、特に「語彙」を増やすことに重点をおき、さまざまなタイプの「しりとり」問題を集めました。
50．観覧車	観覧車やメリーゴーラウンドなどを舞台にした「回転系列」の問題集。「推理思考」分野の問題ですが、要素として「図形」や「数量」も含みます。
51．運筆①	鉛筆の持ち方を学び、点線なぞり、お手本を見ながらの模写で、線を引く練習をします。
52．運筆②	運筆①からさらに発展し、「欠所補完」や「迷路」などを楽しみながら、より複雑な鉛筆運びを習得することを目指します。
53．四方からの観察 積み木編	積み木を使用した「四方からの観察」に関する問題を練習できるように構成。
54．図形の構成	見本の図形がどのような部分によって形づくられているかを考えます。
55．理科②	理科的知識に関する問題を集中して練習する「常識」分野の問題集。
56．マナーとルール	道路や駅、公共の場でのマナー、安全や衛生に関する常識を学べるように構成。
57．置き換え	さまざまな具体的・抽象的事象を記号で表す「置き換え」の問題を扱います。
58．比較②	長さ・高さ・体積・数などを数学的な知識を使わず、論理的に推測する「比較」の問題を練習できるように構成。
59．欠所補完	線と線のつながり、欠けた絵に当てはまるものなどを求める「欠所補完」に取り組める問題集です。
60．言葉の音（おん）	しりとり、決まった順番の音をつなげるなど、「言葉の音」に関する問題に取り組める練習問題集です。

◆◆ニチガクのおすすめ問題集◆◆

より充実した家庭学習を目指し、ニチガクではさまざまな問題集をとりそろえております!!

ジュニアウォッチャー（既刊60巻）

①～㊿（以下続刊）
本体各￥1,500＋税

入試出題頻度の高い9分野を、さらに60の項目に細分化した問題集が出来ました。
苦手分野におけるつまずきを効率よく克服するための60冊となっており、小学校受験における基礎学習にぴったりの問題集です。ポイントが絞られているため、無駄なく学習を進められる、まさに小学校受験問題集の入門編です。

国立・私立NEWウォッチャーズ

言語/理科/図形/記憶
常識/数量/推理
各2巻・全14巻
本体各￥2,000＋税

シリーズ累計発行部数40万部以上を誇る大ベストセラー「ウォッチャーズシリーズ」の趣旨を引き継ぐ新シリーズができました！
こちらは国立・私立それぞれの出題傾向に合わせた分野別問題集です。全問「解答のポイント」「ミシン目」付き、切り離し可能なプリント学習タイプで家庭学習におすすめです！

まいにちウォッチャーズ（全16巻）

導入編/練習編
実践編/応用編　各4巻
本体各￥2,000＋税

シリーズ累計発行部数40万部以上を誇る大ベストセラー「ウォッチャーズシリーズ」の趣旨を引き継ぐ新シリーズができました！
こちらは、お子さまの学習進度に合わせ、全分野を網羅できる総合問題集です。全問「解答のポイント」「ミシン目」付き、切り離し可能なプリント学習タイプで家庭学習におすすめです！

実践 ゆびさきトレーニング①・②・③

①・②・③　全3巻
本体　各￥2,500＋税

制作問題に特化した問題集ができました。
有名校が実際に出題した問題を分析し、類題を各35問ずつ掲載しています。様々な道具の扱い方（はさみ・のり・セロハンテープの使い方）から、手先・指先の訓練（ちぎる・貼る・塗る・切る・結ぶ）、表現することの楽しさも学習することができる問題集です。

お話の記憶問題集

初級編
本体￥2,600＋税
中級編/上級編
本体各￥2,000＋税

「お話の記憶」分野の問題集ができました。
あらゆる学習に不可欠な、語彙力・集中力・記憶力・理解力・想像力を養うと言われているのが「お話の記憶」という分野です。難易度別に収録されていますので、まずは初級編、慣れてきたら中級編・上級編と学習を進められます。

分野別 苦手克服シリーズ（全6巻）

図形/数量/言語
常識/記憶/推理
本体各￥2,000＋税

お子さまの苦手を克服する問題集ができました。
アンケートに基づき、多くのお子さまが苦手とする数量・図形・言語・常識・記憶の6分野を、それぞれ問題集にまとめました。全問アドバイス付きですので、ご家庭において、そのつまづきを解消するためのプロセスも理解できます。

運動テスト・ノンペーパーテスト問題集

新 運動テスト問題集
本体￥2,200＋税

新ノンペーパーテスト問題集
本体￥2,600＋税

ノンペーパーテストは国立・私立小学校で幅広く出題される、筆記用具を使用しない分野の問題を全40問掲載しています。
運動テスト問題集は運動分野に特化した問題集です。指示の理解や、ルールを守る訓練など、ポイントを押さえた学習に最適。全35問掲載。

口頭試問・面接テスト問題集

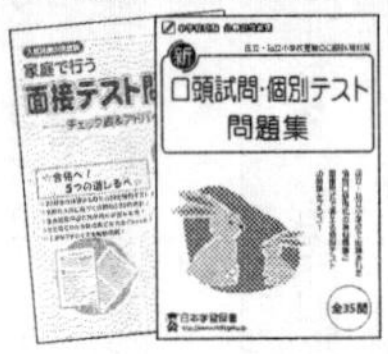

新 口頭試問・個別テスト問題集
本体￥2,500＋税

面接テスト問題集
本体￥2,000＋税

口頭試問は主に個別テストとして口頭で出題解答を行うテスト形式、面接は主に「考え」やふだんの「あり方」をたずねられるものです。
口頭で答える点は同じですが、内容は大きく異なります。想定する質問内容や答え方の幅を広げるために、どちらも手にとっていただきたい問題集です。

小学校受験 厳選難問集　①・②

①・②・③　全3巻
本体各￥2,600＋税

実際に出題された入試問題の中から、難易度の高い問題をピックアップし、アレンジした問題集です。応用問題への挑戦は、基礎の理解度を測るだけでなく、お子さまの達成感・知的好奇心を触発します。
①は数量・図形・推理・言語、②は位置・常識・比較・記憶分野を掲載しています。各40問。

国立小学校　入試問題総集編

A・B・C（全3巻）
本体各￥3,282＋税

国立小学校頻出の問題を厳選して収録した問題集です。細かな指導方法やアドバイスが掲載してあり、効率的な学習が進められます。
難易度別の収録となっており、お子さまの学習進度に合わせて利用できます。付録のレーダーチャートにより得意・不得意を認識でき、国立小学校受験対策に最適な総合問題集です。

おうちでチャレンジ　①・②

①・②　全2巻
本体　各￥1,800＋税

関西最大級の模擬試験『小学校受験標準テスト』ペーパー問題を編集した、実力養成に最適な問題集です。延べ受験者数10,000人以上のデータを分析し、お子さまの習熟度・到達度を一目で判別できるようになっています。
保護者必読の特別アドバイス収録！学習習熟度を測るためにも、定期的に活用したい一冊です。

Q＆Aシリーズ

『小学校受験で知っておくべき125のこと』
『新 小学校受験の入試面接Q＆A』
『新 小学校受験 願書・アンケート文例集500』

本体各￥2,600＋税

「知りたい！」「聞きたい！」
「こんな時どうすれば…？」
そんな疑問や悩みにお答えする、当社で人気の保護者向け書籍です。受験を考え始めた保護者の方や、実際に入試の出願・面接などを控えている直前の保護者の方など、さまざまな場面で参考にしていただける書籍となっています。

書籍についてのご注文・お問い合わせ
☎ 03-5261-8951

http://www.nichigaku.jp
※ご注文方法、書籍についての詳細は、Webサイトをご覧ください。

日本学習図書　検索

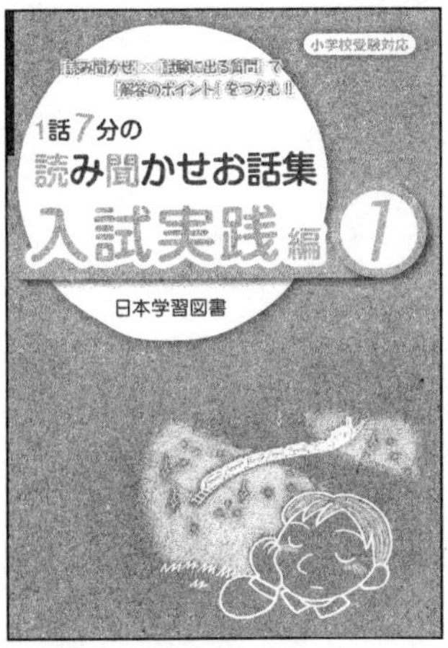

『読み聞かせ』×『質問』＝『聞く力』

お話の記憶の練習に最適

1話5分の 読み聞かせお話集①②

「アラビアン・ナイト」「アンデルセン童話」「イソップ寓話」「グリム童話」、日本や各国の民話、昔話、偉人伝の中から、教育的な物語や、過去に小学校入試でも出題された有名なお話を中心に掲載。お話ごとに、内容に関連したお子さまへの質問も掲載しています。「読み聞かせ」を通して、お子さまの『聞く力』を伸ばすことを目指します。

①巻・②巻　各48話

1話7分の読み聞かせお話集 入試実践編①

国立・私立小学校受験対応

最長1,700文字の長文のお話を掲載。有名でない＝「聞いたことのない」お話を聞くことで、『集中力』のアップを目指します。設問も、実際の試験を意識した設問としています。ペーパーテスト実施校の多くが「お話の記憶」の問題を出題します。毎日の「読み聞かせ」と「試験に出る質問」で、「解答のポイント」をつかんで臨みましょう！

50話収録

ニチガクの この5冊で受験準備も万全！

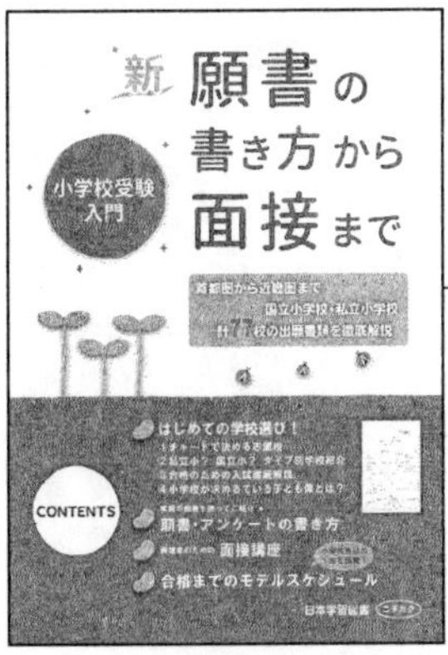

小学校受験入門 願書の書き方から面接まで リニューアル版

主要私立・国立小学校の願書・面接内容を中心に、学校選びや入試の分野傾向、服装コーディネート、持ち物リストなども網羅し、受験準備全体をサポートします。

小学校受験で 知っておくべき 125のこと

小学校受験の基本から怪しい「ウワサ」まで、保護者の方々からの 125 の質問にていねいに解答。目からウロコのお受験本。

新　小学校受験の 入試面接Q＆A リニューアル版

過去十数年に遡り、面接での質問内容を網羅。小学校別、父親・母親・志願者別、さらに学校のこと・志望動機・お子さまについてなど分野ごとに模範解答例やアドバイスを掲載。

新　願書・アンケート 文例集 500 リニューアル版

有名私立小、難関国立小の願書やアンケートに記入するための適切な文例を、質問の項目別に収録。合格を掴むためのヒントが満載！ 願書を書く前に、ぜひ一度お読みください。

小学校受験に関する 保護者の悩みQ＆A

保護者の方約 1,000 人に、学習・生活・躾に関する悩みや問題を取材。その中から厳選した 200 例以上の悩みに、「ふだんの生活」と「入試直前」のアドバイス 2本立てで悩みを解決。

日本学習図書株式会社

聖心女子学院初等科　専用注文書

年　月　日

合格のための問題集ベスト・セレクション

＊入試頻出分野ベスト３

1st　推　理　思考力　観察力

2nd　常　識　知　識　語彙力

3rd　行動観察　協調性　積極性

ペーパーは、推理、常識を中心に幅広い分野から出題。以前に比べると取り組みやすくなってはいるものの、時折、難問が出題されることもあるので、しっかりと対策をとっておくようにしましょう。

分野	書　名	価格(税込)	注文	分野	書　名	価格(税込)	注文
図形	Ｊｒ・ウォッチャー４「同図形探し」	1,650円	冊	図形	Ｊｒ・ウォッチャー46「回転図形」	1,650円	冊
推理	Ｊｒ・ウォッチャー６「系列」	1,650円	冊	推理	Ｊｒ・ウォッチャー47「座標の移動」	1,650円	冊
常識	Ｊｒ・ウォッチャー12「日常生活」	1,650円	冊	巧緻性	Ｊｒ・ウォッチャー51「運筆①」	1,650円	冊
数量	Ｊｒ・ウォッチャー14「数える」	1,650円	冊	巧緻性	Ｊｒ・ウォッチャー52「運筆②」	1,650円	冊
言語	Ｊｒ・ウォッチャー17「言葉の音遊び」	1,650円	冊	図形	Ｊｒ・ウォッチャー54「図形の構成」	1,650円	冊
言語	Ｊｒ・ウォッチャー18「いろいろな言葉」	1,650円	冊	常識	Ｊｒ・ウォッチャー55「理科②」	1,650円	冊
巧緻性	Ｊｒ・ウォッチャー24「絵画」	1,650円	冊	推理	Ｊｒ・ウォッチャー57「置き換え」	1,650円	冊
常識	Ｊｒ・ウォッチャー27「理科」	1,650円	冊	言語	Ｊｒ・ウォッチャー60「言葉の音（おん）」	1,650円	冊
行動観察	Ｊｒ・ウォッチャー29「行動観察」	1,650円	冊		お話の記憶問題集 初級編	2,860円	冊
推理	Ｊｒ・ウォッチャー33「シーソー」	1,650円	冊		お話の記憶問題集 中級編・上級編	2,200円	各　冊
常識	Ｊｒ・ウォッチャー34「季節」	1,650円	冊		１話５分の読み聞かせお話集①・②	1,980円	各　冊
図形	Ｊｒ・ウォッチャー35「重ね図形」	1,650円	冊		新ノンペーパーテスト問題集	2,860円	冊
数量	Ｊｒ・ウォッチャー37「選んで数える」	1,650円	冊		新 小学校受験の入試面接Q＆A	2,860円	冊
数量	Ｊｒ・ウォッチャー41「数の構成」	1,650円	冊		新 願書・アンケート文例集500	2,860円	冊

合計	冊	円

（フリガナ） 氏　名	電　話 ＦＡＸ E-mail
住 所　〒　　　－	以前にご注文されたことはございますか。 有　・　無

★お近くの書店、または記載の電話・FAX・ホームページにてご注文をお受けしております。
電話：03-5261-8951　FAX：03-5261-8953　代金は書籍合計金額＋送料がかかります。
※なお、落丁・乱丁以外の理由による商品の返品・交換には応じかねます。

★ご記入頂いた個人に関する情報は、当社にて厳重に管理致します。なお、ご購入の商品発送の他に、当社発行の書籍案内、書籍に関する調査に使用させて頂く場合がございますので、予めご了承ください。

日本学習図書株式会社
https://www.nichigaku.jp

家庭学習をトータルサポート！ ニチガクのオリジナル 効果的 学習法

1 まずはアドバイスページを読む！

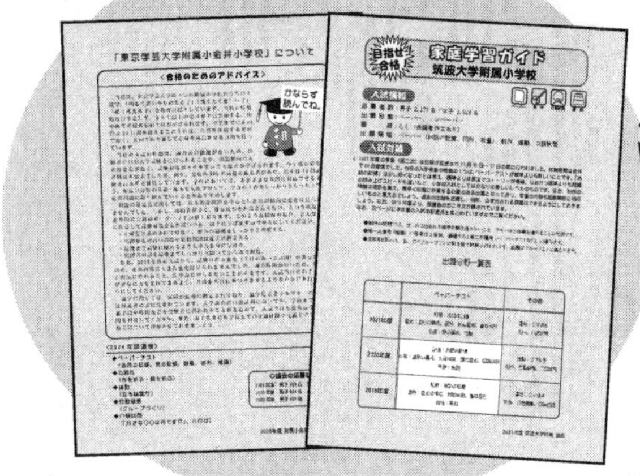

ピンク色です

対策や試験ポイントがぎっしりつまった「家庭学習ガイド」。分野アイコンで、試験の傾向をおさえよう！

2 問題をすべて読み、出題傾向を把握する

3 「学習のポイント」で学校側の観点や問題の解説を熟読

4 はじめて過去問題にチャレンジ！

5 プラスα 対策問題集や類題で力を付ける

過去問のこだわり

最新問題は問題ページ、イラストページ、解答・解説ページが独立しており、お子さまにすぐに取り掛かっていただける作りになっています。
ニチガクの学校別問題集ならではの、学習法を含めたアドバイスを利用して効率のよい家庭学習を進めてください。

各問題のジャンル

問題4 分野：系列

〈準　備〉 クーピーペン（赤）

〈問　題〉 左側に並んでいる３つの形を見てください。真ん中の抜けているところには右側のどの四角が入ると繋がるでしょうか。右側から探して○を付けてください。

〈時　間〉 30秒

〈解　答〉 ①真ん中　②右　③左

アドバイス

複雑な系列の問題です。それぞれの問題がどのような約束で構成されているのか確認をしましょう。この約束が理解できていないと問題を解くことができません。また、約束を見つけるとき、一つの視点、考えに固執するのではなく、色々と着眼点を変えてとらえるようにすることで発見しやすくなります。この問題では、①と②は中の模様が右の方へまっすぐ1つずつ移動しています。③は1つの矢印が右の方へ回転して1つずつ移動しています。それぞれ移動のし方が違うことに気が付きましたでしょうか。系列にも様々な出題がありますので、このような系列の問題も学習しておくことをおすすめ致します。系列の問題は、約束を早く見つけることがポイントです。

【おすすめ問題集】
Ｊr・ウォッチャー６「系列」

アドバイス

各問題の解説や学校の観点、指導のポイントなどを教えます。
今日から保護者の方が家庭学習の先生に！

おすすめ対策問題集

分野ごとに対策問題集をご紹介。苦手分野の克服に最適です！
＊専用注文書付き。

2025年度版　聖心女子学院初等科　過去問題集

発行日　2024年7月23日
発行所　〒162-0821　東京都新宿区津久戸町 3-11-9F
日本学習図書株式会社
電　話　03-5261-8951 ㈹

ISBN978-4-7761-5557-7
C6037 ¥2100E

定価 2,310円
(本体 2,100円＋税 10%)

詳細は https://www.nichigaku.jp　日本学習図書　検索